민수기 인생수업

광야에서 삶을 배우다

민수기 인생수업
광야에서 삶을 배우다

ⓒ 2018 정현구

초판 1쇄 발행 2014년 7월 2일
개정판 1쇄 발행 2018년 6월 14일

지은이 정현구
펴낸이 이의현
펴낸곳 SFC출판부
등록 제 114-90-97178
주소 (06593) 서울특별시 서초구 고무래로 10-5 2층 SFC출판부
Tel (02)596-8493
Fax 0505-300-5437
홈페이지 www.SFCbooks.com
이메일 sfcbooks@sfcbooks.com

기획·편집 편집부
디자인편집 최건호
영업마케팅 이정은
인쇄처 성광인쇄

ISBN 979-11-87942-26-9 (03230)

값 10,000원

잘못 만들어진 책은 언제든지 교환해 드립니다.

민수기 인생수업

광야에서 삶을 배우다

Life lessons in the Books of Numbers

정현구 지음

SFC

추천의 글

정갈한 언어, 담백한 영성으로 민수기를 강해한 보기 드문 설교집이 나왔다. 애굽과 가나안 사이에서 과거를 정돈하고 미래를 준비하는 길 위의 공동체, 이스라엘의 신앙을 깊은 샘 한 모금 생수의 은총으로 적셔 주는 신선한 말씀 강해집이다. 저자의 인품과 영성, 투명한 통찰력이 곳곳에서 길 위의 존재인 자신의 근원을 깊이 있게 돌이켜 보게 하는 책이다. 성경적 성찰과 회복과 갱신의 은총을 누리고자 하는 길 위의 성도들에게 필독서로 추천하는 바이다.

이문식(광교산울교회 담임목사)

신약성경은 교회를 늘 광야 이스라엘에 비유했다. 뒤로는 출애굽의 위대한 체험을 품고, 앞으로는 가나안에 대한 간절한 희망을 간직한 채 오랜 세월 나그네로 살았던 이스라엘. 이들의 광야 여정은 우리 삶을 비추는 가장 좋은 거울이기도 하고, 예수 그리스도의 바다에 이르는 신학적 물줄기의 하나이기도 하다. 이 설교집은 공허한 신학에 집착하거나 맹목적 적용에 몰두하지 않으면서 이런 민수기의 가치와 매력을 잘 드러내준다. 차분한 어조로 광야 이스라엘의 이야기를 들려줄 때, 거기서 우리는 우리 자신의 모습을 보기도 하고, 또 우리 구원의 전조를 발견하기도 한다. 이 책은 같으면 서도 다른 광야 이스라엘을 '본보기'로 삼아, 오늘 대한민국이라는 광야를 여행하는 그리스도인들에게 구원의 감격과 소망을 되새기게 하고, 그리하여 우리가 걸어야 할 길을 다시 돌아보도록 격려한다. '따뜻한 감화'라는 표현이 잘 어울리는 책이다.

권연경(숭실대 기독교학과 신약학 교수)

인생은 누구나 한 번쯤 쓸쓸한 광야를 거칩니다. 그 광야는 사람을 거칠게도 만들지만, 기름지게도 만든다. 광야가 힘들다고 불평하던 이들은 그 말대로 모두 광야에서 죽었다. 반면, 광야를 젖과 꿀이 흐르는 가나안 땅으로 들어가는 여정의 일부로 받아들였던 이들은 그 믿음대로 광야에서 살아남아 가나안 땅으로 들어간다. 민수기는 광야를 지나는 사람들과 그들의 수를 세는 하나님의 이야기이다. 결코 피할 길 없는 광야를 잘 통과하고, 하나님의 계수에 포함되기를 원한다면, 이 책을 지나칠 수 없다. 정현구 목사의 이 책으로 나의 광얏길이 쓸쓸하지만은 않을 것 같다.

김기현(로고스서원 대표)

목차

추천의 글 **4**
서문 **9**

1부. 광야에서

광야, 길 위의 학교 (민수기 1장 1~4절, 3장 14~20절) **15**

길 위의 학교 | 인구 조사 | 약속의 성취 | 군인의 계수 | 레위 지파의 계수 |
도전과 응전 | 지성(知性)의 방패 | 말씀의 검 | 위로부터의 공격 | 두 종류의 준비

광야를 걷게 하는 힘 (민수기 9장 1~5절, 10장 29~34절) **33**

광야의 길을 나서며 | 유월절의 은혜를 품고 떠나라 | 유월절을 지키다 |
보이지 않는 더 중요한 준비 | 잊지 말아야 할 것 | 인도하시는 방법 | 균형

거룩과 성결, 중심가치 (민수기 5장 1~10절, 8장 5~13절) **51**

목표를 위한 준비 | 두 가지 준비 | 입으로 구하고 발로 찾고 | 성결을 구하다 |
중앙에 있는 성막 | 동행의 조건 | 성결, 어떻게? | 광야보다 더 가혹한 광야

광야는 우리 안에 있다 (민수기 11장 1~4절, 10~15절, 13장 30~33절) **67**

광야에서 만나는 장애물 | 그들 속에 있는 광야 | 정신적 바이러스 | 무너지는 지도자 |
정탐꾼의 보고 | 그들 안의 광야 | 광야는 우리 속에도 있다 | 내 안의 광야 | 힐링 |
마음의 광야에 말씀의 나무를 심다

2부. 삶을 배우다

다시 일어서기 위해서 (민수기 15장 37~41절) 89

실패한 이후 | 가데스의 반역과 호르마의 패배 | 목표를 다시 보다 | 두 가지 회복 | 고라의 반역 | 자기 깊은 속을 보게 하신다 | 실패의 자리에서 그리스도를 만나게 하신다 | 실패 그 다음의 이야기

은혜로 산다 (민수기 20장 10~13절, 23장 18~26절) 107

삶은 이야기다 | 말씀이 이야기 속에 담기다 | 실패에도 불구하고 | 므리바의 물사건 | 바닥을 치다 | 하나님의 축복을 누가 바꿀 수 있는가? | 인생의 이야기를 만드는 것

새로운 내일을 위해서 (민수기 26장 1~4절, 27장 1~5절) 127

새 시대 | 사람을 준비해야 | 다음 세대를 계수한 이유 | 사람이 문제다 | 교육과 종교의 책무 | 핵심 가치와 제도를 준비하다 | 새 포도주와 새 부대 | 시대의 지도자 | 이제 우리는?

하나님의 정치 (민수기 34장 1~7절, 35장 1~8절) 147

지도자의 겸손함 | 땅의 경계를 정하다 | 영토확장을 전망하지 않았다 | 제국의 길을 걷지 말라 | 욕망의 경계선을 긋다 | 하나님 나라의 꿈 | 두 가지 가치 | 억울한 사람이 없게 하라 | 신앙은 정치다

들어가면서

인생에 대한 가장 익숙한 은유는 '길을 걷는 여행'이다. 인생에 관한 이미지들 중 '길'이라는 것만큼 오래된 것도 없지만, 여전히 강력한 호소력이 있다. 지금도 누군가가 '인생은 길을 걷는 여정'이라고 말한다면, 대부분 깊이 공감할 뿐 아니라 나아가 삶에 대한 상상력이 발동되기도 한다.

성경도 인간의 인생을 말하면서 '길을 걷는 여행'이라는 이미지를 사용한다. 구약성경은 이스라엘의 역사 이야기이면서 동시에 하나님을 계시하는 도구이기도 하다. 이 역사 속에는 다양한 이야기들이 있다. 하지만 그중에서도 가장 중심적인 이야기는 애굽에서 광야를 거쳐 가나안으로 향하는 순례의 이야기이다. 하나님께서는 이 이야기를 통해 우리에게 구원과 삶의 본질에 대해서 가르쳐 주신다. 그러므로 이 순례의 이야기는 신앙과 삶, 그리고 인생에 관한 영원한 진리를 담고 있는 보고寶庫라 할 수 있다.

특히 〈민수기〉는 출애굽한 이스라엘이 광야의 길을 걷는 이야기를 담고 있는 책이다. 이 책에 기록된 광야의 길을 걸었던 이스라엘 백성의 이야기를 읽다 보면 그들의 사랑과 다툼의 소리를 들을 수 있다. 또 협동과 분열의 모습을 볼 수 있으며, 용기와 한숨의 숨결을 느낄 수 있는가 하면, 전진과 후퇴의 움직임을 관찰할 수도 있다. 이처럼 길은 그들에게 삶이고 역사였으며, 또한 학교였다.

모든 사람은 길에서 삶을 배운다. 길을 걸으면서 누군가를 만나고 또 헤어진다. 길을 걸으면서 가지고 있던 것을 버리기도 하고 또 새로운 것을 가지기도 한다. 길을 걸으면서 어딘가에 도착해 잠시 머물다가도 곧 다시 그곳을 떠나게 된다. 어디도 영원히 머물 수 있는 곳은 아니라는 것을 교훈으로 배우면서 걷고 또 걷는다. 우리 모두는 길 위의 실존이다. 길을 걸으면서 같이 걷기도 하지만, 각자에게 주어진 자기의 길을 걷기도 한다. 이 길을 가다가 원래 있던 곳으로 돌아서기도 하고, 장애물을 만나기도 하고, 탁 트인 대로를 만나기도 하고, 막다른 골목을 만나기도 한다. 남이 닦아 놓은 길을 걷기도 하고, 자기가 길을 만들기도 한다. 걷는 길은 각각 다르지만 결국 그 길을 걷는 과정이 나의 인생이요 나 자신이다.

요즘에는 올레길, 둘레길, 숲길 등의 길 걷기가 유행이다. 길을 걸으면서 건강도 얻고 인생도 배우기 때문이다. 그런데 그렇게 땅 위에 만들어진 길을 걸으면서 인생길에 대해 깨달을 수도 있지만, 〈민수기〉라는 성경을 통해 그 옛날 광야의 길을 걸었던 이스라엘 백성과 함께 또 다른 인생길에 오를 수도 있다. 비록 〈민수기〉가 이스라엘 백성이 광야라는 길 위의 학교를 다닌 이야기이더라도, 곧 지금 우리의 이야기이기도 하다. 왜냐하면 그들 속에서 우리의 모습을 볼 수 있을 뿐만 아니라, 길을 걷는 나그네의 마음도 느낄 수 있기 때문이다. 〈민수기〉를 함께 읽으면 길을 걷는 인생에 대한 묵상이 깊어진다. 이스라엘 백성과 길벗이 되어 그들의 이야기를 들으면서 그때 그 광야의 길을 함께 걸어 보는 것이 매우 유익하다. 가장 좋은 인생 학교는 길 위에 있고, 함께 걷는 걸음에 있기 때문이다.

일러두기: 이 책에서 성경 구절을 인용할 때는 대한성서공회 개역개정판에서 주로 인용했으며, 다른 성경에서 인용한 경우에는 출처를 따로 표시했습니다.

1부

광야에서

Life lessons in the Books of Numbers

🐪 광야, 길 위의 학교
(민수기 1장 1~4절, 3장 14~20절)

/

1 이스라엘 자손이 애굽 땅에서 나온 후 둘째 해 둘째 달 첫째 날에 여호와께서 시내 광야 회막에서 모세에게 말씀하여 이르시되 2 너희는 이스라엘 자손의 모든 회중 각 남자의 수를 그들의 종족과 조상의 가문에 따라 그 명수대로 계수할지니 3 이스라엘 중 이십 세 이상으로 싸움에 나갈 만한 모든 자를 너와 아론은 그 진영별로 계수하되 4 각 지파의 각 조상의 가문의 우두머리 한 사람씩을 너희와 함께 하게 하라(민수기 1장 1~4절)

14 여호와께서 시내 광야에서 모세에게 말씀하여 이르시되 15 레위 자손을 그들의 조상의 가문과 종족을 따라 계수하되 일 개월 이상된 남자를 다 계수하라 16 모세가 여호와의 말씀을 따라 그 명령하신 대로 계수하니라 17 레위의 아들들의 이름은 이러하니 게르손과 고핫과 므라리요 18 게르손의 아들들의 이름은 그들의 종족대로 이러하니 립니와 시므이요 19 고핫의 아들들은 그들

의 종족대로 이러하니 아므람과 이스할과 헤브론과 웃시엘이요 20 므라리의 아들들은 그들의 종족대로 말리와 무시이니 이는 그의 종족대로 된 레위인의 조상의 가문들이니라(민수기 3장 14~20절)

길 위의 학교

우리는 모두 인생길을 걷는 순례자이다. 순례하면서 살고, 길을 걸으면서 배운다. 그래서 인생을 '길 위의 학교'라고 말한다.

구약성경〈민수기〉는 주전 14세기 무렵, 즉 지금으로부터 약 3,400년 전의 이야기를 담은 매우 오래된 책으로서, 그 내용은 이스라엘 백성이 광야를 여행하면서 겪은 여러 사건들과 배운 것들에 관한 것이다. 물론 광야에는 학교가 없었다. 그러나 길이 곧 학교였다. 길을 걸으면서 그들은 배웠고, 배우면서 걸었다. 그들은 '길 위의 학교'의 학생들이었다.

그런데 아주 일찍이 '길 위의 학교'에 다녔던 그들의 이야기는 지금 우리의 이야기이기도 하다. 왜냐하면 우리도 역시 '길 위의 학교'를 다니는 학생들이기 때문이다. 비록 시대는 다르지만 우리도 똑같이 순례의 삶을 살아가는 인생들이다.

바울 사도는 주후 1세기 무렵 고린도에 있는 교회의 성도들에게 이렇게 말했다. "그들에게 일어난 이런 일은 본보기가 되고 또

한 말세를 만난 우리를 깨우치기 위하여 기록되었느니라" 고린도전서 10장 11절 여기서 '그들에게 일어난 이런 일'이란 곧 민수기에 나타난 이스라엘 백성의 순례 이야기를 가리킨다. 따라서 바울 사도의 말은 그들의 이야기를 지금 우리를 위한 삶의 교과서로 삼아야 한다는 뜻이다. 실로 민수기의 순례 이야기는 그때나 지금이나 변함없이 길 위의 학교를 다니는 모든 학생들에게 중요한 교과서의 역할을 한다. 그러므로 길 위의 학교를 다니고 있는 학생들은 모름지기 민수기라는 교과서를 열어 공부해야 한다.

인구 조사

민수기의 히브리어 원제목은 '광야에서'라는 뜻을 담고 있다. 제목처럼 광야에서 일어난 일들이 민수기의 주된 내용을 이룬다. 그런데 영어로는 민수기를 'Numbers'라고 한다. 이 책이 이스라엘 백성의 인구 조사로 시작해 인구 조사로 끝나기 때문이다. 이 같은 두 차례에 걸친 인구 조사가 이 책의 큰 골격을 이루기에, 우리말 성경도 '민수기民數記'라고 이름을 붙인 것이다.

이스라엘 백성이 지나갔던 광야는 지금의 시나이 반도다. 그들은 애굽을 탈출해서 홍해를 건넌 다음에 시나이 반도 아래쪽을 거쳐, 지금의 이스라엘과 팔레스타인 지역인 가나안에 이르렀다.

이들이 애초에 애굽에 들어가 있게 된 사연은 이렇다. 이들의 조상인 야곱에게는 열두 아들이 있었는데, 그들이 가나안 땅에 머물던 중 극심한 기근이 있었다. 이때 열한 번째 아들인 요셉이 애굽의 총리로 있었기 때문에 그들은 애굽으로 들어가 기근을 피할 수 있었다. 한편 그 당시 야곱의 가족은 칠십 명에 불과했지만, 애굽에서 약 사백 년의 세월을 보내면서 그 수가 크게 불어나게 된다.

그런데 세월이 흐르면서 총리였던 요셉을 알지 못하는 왕이 애굽을 지배하게 되자, 야곱의 후손들은 급기야 노예의 신분으로까지 전락하게 된다. 이에 그들의 조상들과의 언약을 기억하신 하나님께서는 모세를 통해 그들을 애굽으로부터 탈출하게 하신다. 그리고 애굽을 벗어난 야곱의 후손들, 곧 이스라엘 백성은 홍해를 건너 시내산 앞에 도착한다. 이후 그들은 그곳에서 약 일 년을 머문 후에 드디어 가나안이라는 목적지로 향하게 된다.

그런데 그들이 시내산 앞에서 머무는 동안 두 가지 일이 일어났다. 그중 하나는 하나님께 율법을 받은 일이고, 다른 하나는 조직을 갖추게 된 일이다. 이 조직을 갖추는 일을 위해 하나님께서는 그들로 하여금 인구 조사를 하게 하신다.

하나님의 명령에 따라 인구를 조사해 보니 이십 세 이상의 남자 숫자가 육십만 명이나 되었다 1장 46절. 그러면 전체 인구가 약 이백만 명이 된다는 말인데, 이는 오늘의 기준으로 봐도 대단히 많은 숫자다. 사실 백성의 숫자가 얼마나 정확하게 기록되었는지에 대해서는 견해들이 다양하다. '천'을 의미하는 히브리어 단어 '엘레프'는 '부족'을 가리키는 '알루프'에서 나왔기 때문에, 이 단어를 천이 아니라 한 부족을 의미하는 것으로 봐야 한다는 사람도 있다. 그럴 경우 광야에서 계수한 숫자는 훨씬 줄게 된다.

하지만 인구 조사 이야기의 핵심은 백성의 수가 정확히 몇 명이었는지가 아니라, 그 수가 매우 많아졌다는 것이다. 하나님께서 아브라함에게 말씀하신 대로 그의 자손이 하늘의 별처럼, 바다의 모래처럼 많아진 것이다.

약속의 성취

일찍이 아브라함은 많은 자손을 약속받았지만, 아브라함과 사라 대의 자손은 이삭 한 명뿐이었다. 그런데 이삭의 아들인 야곱에게서는 열두 명의 아들이 태어났고, 이후 그들은 칠십 명의 대가족이 되어 애굽으로 내려가게 되었다. 그곳에서 그들의 인구가 계속해서 빠른 속도로 증가하자, 이를 두려워한 애굽의 왕 바로는 이스라엘 민족의 갓 태어난 남자 아기들을 모두 죽이라고 명령한다. 하지만 하나님께서는 그 가운데서 모세라는 아이를 살리셨고, 그를 통해 이스라엘 백성을 애굽에서 이끌어 내셨다. 여기서 우리는 하나님의 약속은 어떤 방해에도 불구하고 결국 성취되는 것을 볼 수 있다.

민수기의 인구 조사를 읽으면서 생각해 보아야 할 또 한 가지는, 아직 실시되지 않은 정말 중요한 인구 조사가 앞으로 또 있다는 것이다. 즉 '제2의 모세'로서 우리를 영적인 애굽에서 이끌어 내신 예수 그리스도께서 하나님의 나라에서 실시하실 인구 조사이다.

> 내가 인침을 받은 자의 수를 들으니 이스라엘 자손의
> 각 지파 중에서 인침을 받은 자들이 십사만 사천이니
> (요한계시록 7장 4절)

민수기에서 계수된 숫자는 장정만 육십만 명이었다. 그런데 역사의 마지막에 "인침을 받은 자들", 즉 구원을 얻은 자들의 숫자가 겨우 "십사만 사천 명"에 불과하다고 주장하는 사람들이 있다. 과연 그럴까? 아니다. 이 숫자에는 상징적 의미가 있다. 열두 지파에 각각 일만 이천 명씩 있다고 하면 모두 십사만 사천이 되는데, 여기서 열둘은 '열두 지파'와 '열두 제자'에서 보듯이 하나님께서 택하신 백성 전체를 뜻한다. '천'이라는 숫자에는 많음을 강조하는 의미가 있다. 따라서 이 숫자는 종말에 하나님께서 그분의 백성을 빠짐없이 구원하실 것이며, 그렇게 구원받는 백성의 수가 매우 많을 것을 의미하는 것이다. 이 숫자를 문자 그대로 십사만 사천으로 보는 것은 성경을 잘못 이해하는 것이다. 그것은 조금 뒤에 이어 나오는 내

용과도 모순이 된다.

> 이 일 후에 내가 보니 각 나라와 족속과 백성과 방언에서 아무도 능히 셀 수 없는 큰 무리가 나와 흰 옷을 입고 손에 종려 가지를 들고 보좌 앞과 어린 양 앞에 서서 큰 소리로 외쳐 이르되 구원하심이 보좌에 앉으신 우리 하나님과 어린 양에게 있도다 하니(요한계시록 7장 9, 10절)

그러므로 이 말씀은 하나님께서 아브라함에게 "네 자손이 하늘의 별처럼 많으리라" 하신 약속이 예수 그리스도를 통해서 마침내 완전하게 이루어짐을 보여 주는 것이다. 곧 누구든지 예수 그리스도를 구주로 진실하게 믿고 따르는 사람은 종말에 있을 이 인구 조사에 모두 포함될 것이다.

군인의 계수

이스라엘은 본격적인 광야 여행을 나서기에 앞서 인구 조사를 했는데, 그 목적이 일반적인 인구 조사와는 달랐다. 훗날 이스라엘의 왕 다윗이 실시한 인구 조사는 자신의 성취를 자랑하기 위한 것이었으며, 예수님 탄생 당시 로마의 황제였던 아우구스투스 또한 세금 징수를 위해 속주국의 인구 조사를 실시했다. 하지만 지금 모세가 시행한 인구 조사는 단순히 세력을 과시하거나 세수 확보를 위한 것이 아니라, '전쟁에 나갈 만한 남자들'의 수를 파악하기 위한 조사, 즉 군대를 조직하기 위한 인구 조사였다.

시내산 앞을 떠나 가나안으로 가는 길은 안전한 길이 아니었다. 언제 어디서 적들이 공격해 올지 모르는 광야의 길이기에 군대가 반드시 필요했다. 물론 모세가 인구 조사를 하여 인원을 동원했다고 해도 아직은 군대가 제대로 조직된 것은 아니었다. 그저 성막을 열두 지파의 중앙에 두고 그곳을 중심으로 동서남북 네 방향에 각각 세 지파씩 배치되었을 뿐이다. 이것은 언제든지 전투할 수 있는 수비대를 만들기 위해서 한 일이었다.

레위 지파의 계수

이렇게 열두 지파별로 군대를 조직한 후 모세는 또 한 종류의 인구 조사를 시행했는데, 그것은 군대로 조직된 열두 지파에 속하지 않은 레위 지파의 인구를 조사하는 것이었다. 레위 지파는 야곱의 열두 아들 중 한 명인 레위의 후손으로서, 성막과 제사를 위해 특별히 하나님께서 구별하신 지파였다. 원래 야곱의 열두 아들의 후손들인 열두 지파에서 레위 지파가 빠지면 열한 지파가 되어야 했다. 그러나 야곱의 유언에 따라 요셉 지파가 요셉의 두 아들인 에

브라임과 므낫세를 따라 두 지파로 나뉘게 됨으로써, 이스라엘은 레위 지파를 빼고도 열두 지파의 수를 유지할 수 있었다.

인구 조사를 통해 열두 지파를 중심으로 군대 조직을 갖춘 후, 이스라엘은 레위 지파의 인구 조사에 착수함으로써 레위 지파만으로 구성된 또 다른 조직을 만든다. 이 조직이 바로 제사장 조직이다. 이들은 당시 대제사장이었던 아론을 돕게 되었다.

이렇게 민수기에 나타난 인구 조사는 군대를 조직하기 위한 열두 지파의 인구 조사와, 제사장 조직을 구성하기 위한 레위 지파의 인구 조사로 이루어졌다. 이러한 인구 조사로 조직된 레위 지파는 나머지 열두 지파의 진영 중앙에 있는 성막을 관리했고, 열두 지파는 성막 주위에서 진을 치게 된다.

도전과 응전

광야의 순례를 시작하는 백성이 인구 조사를 통해 두 개의 조직을 갖추는 것에서 우리는 중요한 교훈을 얻을 수 있다. 그것은 인생이라는 광야를 순례하는 우리에게도 이와 같은 두 개의 조직이 있어야 한다는 것이다.

우선 우리에게는 '군대 조직'이 필요하다. 인생의 여정에는 언제든 찾아들 수 있는 외부의 공격들이 존재하기 때문이다. 이러한 공격들로부터 스스로를 지키기 위해서는 방어 준비가 필요하다. 삶

속에 찾아오는 끊임없는 외부의 도전과 자극들은, 어떤 경우에는 우리가 감당하기 힘든 어려움이나 해결할 수 없는 문제들일 수 있다. 어떤 경우에는 그것이 우리를 둘러싼 문화일 수도 있고, 마음을 찌르는 누군가의 말일 수도 있다. 우리는 그와 같이 끊임없이 우리의 삶을 향해 다가오는 수많은 도전들에 어떤 형태로든 반응하게 된다. 때로는 그 반응이 방어적일 수도 있고 때로는 공격적일 수도 있다.

이런 도전들에 잘 반응할 경우 우리는 한 단계 올라서게 되지만, 그렇지 않을 경우에는 오히려 여러 단계 밑으로 굴러 떨어지게 된다. 어떤 경우에는 분노로 반응하여 일을 더 그르치기도 하고, 또 어떤 경우에는 염려라는 형태로 반응하여 자기 안에서 무너지기도 한다. 하지만 반대로 그런 위기를 자신을 새롭게 하는 계기로 삼을 수도 있다.

그러므로 우리는 우리에게 다가오는 숱한 종류의 공격들과 도전들을 삶의 유익한 기회로 만드는 유능한 군사가 되어야 한다. 모든 공격들에 잘 반응하여 시험에 들지 않도록 할 뿐 아니라, 나아가 그런 위기 상황을 오히려 기회로 만들 수 있는 영적 군사가 되어야 한다. 그런 군사가 되기 위한 영적 군대 조직을 내면에 갖춘 자는 인생의 순롓길을 잘 걸을 수 있다.

한편 도전과 공격은 외부로부터만 오는 것이 아니다. 바울 사도는 외적 도전 외에도 우리가 내면에 지닌 죄와 약점을 통해 사탄이 가하는 영적인 공격을 잘 알고 우리에게 이런 말로 경고했다. "끝으로 너희가 주 안에서와 그 힘의 능력으로 강건하여지고 마귀의 간계를 능히 대적하기 위하여 하나님의 전신 갑주를 입으라" 에베소서 6장 10, 11절 이것은 곧 우리의 심령 속에 하나님의 전신 갑주를 입고 싸우는 내면의 군대 조직이 있어야 한다고 역설한 것이다.

그런데 우리의 전투는 방어에만 그치는 것이 아니라 가나안이라는 약속의 땅을 쟁취하기 위한 공격이 되기도 해야 한다. 목적 성취라는 고지에 이르기 위해서는 때로는 점령전도 필요하기 때문이다.

지성(知性)의 방패

오늘날 광야를 행진하는 우리는 문화적인 공격들도 많이 받는다. 많은 사람들이 세상 문화를 그 뒤에 숨겨진 위험한 무기를 보지 못하고 무분별하게 받아들이다가, 세상이라는 바닷속에 빠져 결국에는 영혼까지 침몰하게 된다. 이 시대의 문화는 우리로 하여금 성적, 윤리적 쟁점들을 합리적으로 따져보지도 못하도록, 다양한 매체들을 통해서 먼저 우리의 판단력을 마비시켜 놓는다. 그러므로 우리는 이와 같은 세속 문화의 은밀한 공격들 앞에 무방비로 노출되기만 하지 말고, 기독교 세계관이나 신학, 인문학 등의 훈련을 통해 지성의 군대 조직을 갖추어야만 한다.

비단 성적, 윤리적 쟁점들만이 아니라 우리 시대에는 이념적, 정치적 쟁점들로 말미암은 갈등이 끊이지 않는다. 하지만 사실 좌파와 우파가 지향하는 바는 둘 다 우리 사회가 필요로 하는 가치들이다. 따라서 두 진영 간의 건전한 논쟁은 세상을 좌우로 치우치지 않게 만들고 세상과 사물을 균형 있게 보게 하는 장점이 있다. 하지만 때로 이런 논쟁이 소모적이거나 배타적인 것이 될 경우에는 그 속에서 바른 방향과 길을 찾기가 매우 어렵게 된다.

이런 점에서도 기독교적 지성이라는 군대 조직을 갖추는 훈련이 매우 중요하다. 뿐만 아니라 지금 우리가 사는 세상의 경제적 쟁점들, 환경과 생태적 쟁점들, 그리고 그 외 다양한 문화 속에 담긴 수많은 쟁점들을 대하면서도 공격을 방어할 수 있는 방패, 곧 기독교적 지성을 갖추어야만 한다. 그래야만 끊임없이 날아오는 수많은 사상의 화살들에 우리의 신앙이 희생되지 않을 수 있기 때문이다.

특히 요즘처럼 감성적인 시대를 살아가는 젊은 세대들은 더더욱 기독교적 지성으로 세상을 바라보는 능력을 함양할 필요가 있다. 무엇보다 성경을 단편적으로만 읽지 말고 큰 맥락에서 읽어 내는 훈련을 함으로써, 세상이라는 광야에서 만나는 공격들을 막아 낼 수 있는 지성의 군대 조직을 자기 내면에 갖출 수 있어야 한다.

말씀의 검

　우리를 공격하는 것들은 매우 다양하다. 그중에서도 특히 오늘날에는 두려움이 우리를 공격하는 가장 강력한 적으로 등장했다. 예를 들어, 뉴스를 보다가 경제가 어렵다는 소식이 나오면 갑자기 불안이 우리를 엄습한다. 청년 취업에 관한 어두운 소식을 들으며 한숨과 걱정이 새어 나온다. 하지만 이런 공격들 앞에서 제대로 반응 해야만 인생의 길을 제대로, 그리고 계속해서 걸어 나갈 수 있는 것이다.

　이 시대의 청년들은 그 어느 때보다도 힘든 시기를 보내고 있다. 과거 이스라엘 백성들이 걸었던 시내 광야보다 오늘날 우리 시대의 서울이라는 도시가 더 거친 광야일지도 모른다. 우리 시대의 청년들은 스펙을 쌓기 위해서 부단히 노력한다. 토익 점수도 확보하고, 인턴 경험도 갖고, 봉사활동 경력도 만들려고 분주히 움직인다. 하지만 어느 것 하나 만만한 것이 없다. 설령 모든 것을 다 준비했다고 해도 여전히 취업문은 바늘구멍같이 좁고, 그 벽은 하늘같이 높다. 그래서 그들의 마음은 부정적인 감정의 공격에 쉽게 무너지곤 한다.

　그런데 이러한 현상은 자신의 미래를 대기업 입사라는 좁은 틀에서만 생각하는 경향에서 비롯되는 것일 수도 있다. 이 시대의 청년들은 무엇보다도 더 넓게 공부할 수 있어야만 한다. 그럼으로써 눈을 넓게 열어 다양한 길이 있다는 것을 깨달아야 한다. 다양한 직업의 가능성을 열어 두어, 획일화된 몇 가지 길만이 전부라는 생각에서 벗어나야 한다. 이 시대의 문화와 가치가 가리키는 몇 가지 길만 생각하지 않도록, 책을 많이 읽고 도전하는 태도가 이 시대의 청년들에게 필요한 것이다. 그것이 그들을 세상의 공격으로부터 지켜 줄 것이다.

그러나 무엇보다 중요하고 우선시해야 하는 것은 말씀을 깊이 묵상하고 암송하는 일이다. 깊이 묵상되고 암송된 말씀은 우리에게 상상할 수 없는 큰 힘을 준다. 바울 사도는 "성령의 검 곧 하나님의 말씀을 가지라"라고 했다 에베소서 6장 17절. 말씀은 우리의 손에 들린 성령의 검이다. 이 성령의 검을 갖춘 군사가 되어 인생 광야의 길을 여행해야 한다.

위로부터의 공격

광야의 이스라엘은 외부의 공격에 맞서기 위한 군대 조직을 준비한 다음, 제사장 조직을 갖추기 위해 인구 조사를 실시했다. 군대 조직이 세상과의 관계에서 자기를 지키기 위해 필요한 것이었다면, 제사장 조직은 하나님과의 관계에서 자기를 바로 세우기 위해 필요한 것이었다.

우리는 늘 세상의 악과 마주하며 살아간다. 세상의 악은 '밖으로부터' 우리를 공격해 들어온다. 이러한 공격에서 자기를 지키기 위해 우리는 군대 조직을 갖춰야 한다. 그런데 우리는 동시에 거룩하신 하나님 앞에서 살아가야 한다. 거룩하신 하나님께서는 그 본성상 우리의 죄를 그냥 두지 못하신다. 그래서 죄 짓는 우리 위에는 항상 심판이 드리워져 있다. 따라서 만일 죄인인 우리가 죄를 그대로 둔다면, 우리는 '위로부터의 공격', 즉 하나님의 심판을 받게 될 것이다. '밖으로부터의 공격'도 무섭지만, 그보다 더 무섭고 두려운 것은 '위로부터의 공격'인 하나님의 심판이다. 그러므로 죄 때문에 하나님께 심판을 받는 문제를 해결하기 위해서 우리는 제사장 조직을 갖춰야만 한다.

우리에게 제사장 조직이 필요하다는 말이, 죄를 용서받는 고해성사를 위해 별도의 사제를 두어야 한다는 말은 아니다. 죄를 지을 때마다 우리는 영원한 대제사장이신 예수 그리스도께 나아가 우리의 죄를 고백하기만 하면 된다. "만일 우리가 우리 죄를 자백하면 그예수님는 미쁘시고 의로우사 우리 죄를 사하시며 우리를 모든 불의에서 깨끗하게 하실 것이요"요한일서 1장 9절 세상은 군대를 조직하는 일에 해당되는 '보이는 준비'를 많이 강조한다. 그래서 힘과 역량을 기르고, 환경에 적극적으로 반응할 수 있는 기술을 연습하라고 한다. 그러나 사실 이보다 더 중요한 준비는 자신의 죄를 예수님께 고백함으로써 자신을 청결하게 유지하는 것이다. 우리의 죄를 자백함으로써 '위로부터의 공격'을 피해야 한다.

하지만 여기서 멈추지 말고, 우리는 보다 적극적으로 하나님을 예배하고 찬양하는 제사장이 됨으로써 하나님께 연결되어야만 한다. 마치 포도나무 가지가 그 줄기에 붙어 있는 것처럼, 우리도 하나님께 붙어 있어야 한다. "나는 포도나무요 너희는 가지라 그가 내 안에 내가 그 안에 거하면 사람이 열매를 많이 맺나니 나를 떠나서는 너희가 아무 것도 할 수 없음이라" 요한복음 15장 5절 이렇게 하나님과 연결되면, 하나님께 속한 지혜와 능력이 우리에게 전달된다. 그리고 이렇게 '위로부터의 공급'이 주는 힘을 통해 우리는 세상에서 선한 열매들을 맺게 된다.

이스라엘 진영의 중심에는 거룩한 성막이 있었다. 이 성막에서 백성들은 제사장들을 통해 죄를 용서받을 수 있었다. 성막에는 언약궤가 있었는데, 이 언약궤는 하나님께서 앉아서 통치하시는 의자를 상징한다. 즉 하나님께서는 성막에서 백성들의 죄를 씻고 그들을 성결하게 하실 뿐 아니라, 정결케 된 백성들의 왕이 되어 그들을 다스리며 인도하신다는 것이다. 따라서 우리가 죄를 자백하면 하나님께서는 우리에게 '위로부터의 도움'이 되어 주신다. 이런 점에서 인생의 길을 걷는 우리에게는 '제사장 조직'이 반드시 필요한 것이다.

두 종류의 준비

우리는 모두 '길 위의 학교'에 다니는 학생들이다. 민수기라는 교과서는 우리에게 인생의 광야를 여행할 때 반드시 준비해야 할 두 가지를 가르친다. 비행기는 두 날개가 있어야 날 수 있고, 자전거는 양쪽 바퀴가 있어야 나아갈 수 있는 것처럼, 우리에게도 두 가지 준비가 필요하다.

우리는 일주일 가운데 6일을 세상에서 군사가 되어 외부 환경의 도전들에 믿음으로 응전하며 산다. 반면에 주일에는 제사장이 되어 하나님께로부터 죄를 용서받음과 동시에, 그분의 힘과 은혜도 함께 받는다. 군인과 제사장의 기능을 이해하는 것을 돕기 위해 주중과 주일로 구분하여 설명하기는 했지만, 사실 우리는 매일의 삶을 두 발로 걷듯이 늘 두 개의 조직을 갖추고 살아가야 한다.

간혹 영적인 준비만 중요하다고 생각하는 사람이 있다. 오직 기도만 하면 된다고 생각하고 현실적인 준비는 거의 하지 않는다. 그렇다면 이 사람은 기도를 현실에서 도피하는 도구로 삼은 것이다. 이와 같은 '과도한 은혜파'는 인구 조사를 할 때 오직 레위 지파의 인구만 조사하려는 사람이다. 그러나 민수기는 군대를 위한 인구 조사를 먼저 기록하고 있음을 잊지 말아야 한다.

한편 반대로 현실적인 준비는 열심히 하지만 정작 기도는 별로 하지 않는 사람도 있다. 그는 하나님의 도움 없이 모든 것을 자기

힘으로 하려는 사람이다. 하나님을 믿는다고 말은 해도 실제로는 믿음이 없는 사람이다. 이러한 사람은 군대를 조직하기 위한 인구 조사는 하지만 제사장을 조직하기 위한 레위 지파 인구 조사는 하지 않는 사람이다. 어느 한쪽만 가지고는 결코 광야를 행진해 갈 수 없다는 것을 잊으면 안 된다. 두 가지 준비를 균형 있게 해야 한다. 그렇게 하면 우리의 삶은 가나안에서의 안식을 향해 나아가는 참된 인생의 순례가 될 것이다.

광야를 걷게 하는 힘

(민수기 9장 1~5절, 10장 29~34절)

1 애굽 땅에서 나온 다음 해 첫째 달에 여호와께서 시내 광야에서 모세에게 말씀하여 이르시되 2 이스라엘 자손에게 유월절을 그 정한 기일에 지키게 하라 3 그 정한 기일 곧 이 달 열넷째 날 해 질 때에 너희는 그것을 지키되 그 모든 율례와 그 모든 규례대로 지킬지니라 4 모세가 이스라엘 자손에게 명령하여 유월절을 지키라 하매 5 그들이 첫째 달 열넷째 날 해 질 때에 시내 광야에서 유월절을 지켰으되 이스라엘 자손이 여호와께서 모세에게 명령하신 것을 다 따라 행하였더라(민수기 9장 1~5절)

29 모세가 모세의 장인 미디안 사람 르우엘의 아들 호밥에게 이르되 여호와께서 주마 하신 곳으로 우리가 행진하나니 우리와 동행하자 그리하면 선대하리라 여호와께서 이스라엘에게 복을 내리리라 하셨느니라 30 호밥이 그에게 이르되 나는 가지 아니하고 내 고향 내 친족에게로 가리라 31 모세가 이르되 청하건대 우

리를 떠나지 마소서 당신은 우리가 광야에서 어떻게 진 칠지를 아나니 우리의 눈이 되리이다 32 우리와 동행하면 여호와께서 우리에게 복을 내리시는 대로 우리도 당신에게 행하리이다 33 그들이 여호와의 산에서 떠나 삼 일 길을 갈 때에 여호와의 언약궤가 그 삼 일 길에 앞서 가며 그들의 쉴 곳을 찾았고 34 그들이 진영을 떠날 때에 낮에는 여호와의 구름이 그 위에 덮였었더라(민수기 10장 29~34절)

광야의 길을 나서며

우리나라는 그 어떤 나라보다도 길이 잘 닦여 있다. 농촌 구석구석까지 깨끗하게 포장된 도로가 이어져 있다. 하지만 우리가 걷는 인생의 길은 포장된 경우보다 그렇지 않은 경우가 더 많다. 사람이라는 돌멩이, 편견이라는 돌멩이, 이기심이라는 돌멩이들이 여기저기 널려 있을 뿐 아니라, 간혹 예측할 수 없는 위기들이라는 움푹 파인 구덩이까지 나타나기도 한다.

우리가 다니는 도로는 곳곳마다 표지판이 잘 설치되어 있어 길을 선택하기가 쉽지만, 인생의 길은 그와 같은 표지판이 없어서 무엇을 선택해야 할지, 어디로 가야 할지 혼란스러울 때가 더 많다. 높아진 국민소득 덕분에 언뜻 풍요로운 가나안 땅에서 살고 있는 것처럼 보이기도 하겠지만, 사실 우리는 그 어느 때보다 더 메마르고, 더 각박하고, 더 무서운 세상에서 살고 있다. 일터에서나 가정에서 이제는 좀 안정을 얻고 싶다는 생각이 간절하지만, 실상은 우리의 처지가 언제 어떻게 될지 아무도 모른다. 잠시 편안히 머물러 있다고 해도, 언제 어디서 모래바람이 불어올지 알지 못한다. 질병이라는 모래바람, 갈등이라는 모래바람이 순식간에 우리를 할퀴고 지나갈 수도 있다.

이와 같이 우리가 살고 있는 도시의 삶은 척박한 광야와도 같다. 아니다, 광야보다 더 척박하다는 느낌을 받는다. 도시 속에서 경험한 광야를 예를 들라고 하면, 당장이라도 최근 일어난 몇 가지 사건과 가슴 시린 이야기들을 하나둘씩 풀어낼 사람들이 너무 많다. 이런 광야의 길을 대체 어떻게 통과해야 할까? 민수기, 곧 주전 1,400년 무렵 광야의 길을 걸어갔던 이스라엘 백성의 이야기가, 21세기 도시라는 광야를 걸어가는 우리에게 필요한 해답을 제시해 줄 것이다.

유월절의 은혜를 품고 떠나라

이스라엘 백성은 애굽을 탈출해서 홍해를 건너 광야로 들어갔다. 그리고 오십 일 만에 시내산 앞에 도착해서 일 년을 머물렀다. 이때 그들은 모세를 통해서 십계명을 비롯한 율법을 받고 성막을 만들게 된다. 그리고 군대 조직과 제사장 조직이라는 두 조직을 준비한다. 즉 군대 조직을 통해 외적인 힘을 갖추는 한편 제사장 조직을 통해 내적인 힘을 갖춤으로써, 물질적인 영역과 정신적인 영역이 함께 균형을 이룬 공동체를 준비했다.

이와 같이 군대 조직과 제사장 조직을 세워 외적 힘과 내적 힘, 또는 물질적 영역과 정신적 영역의 균형이 잘 이루어질 때 건강한 공동체가 될 수 있다. 둘 중 하나라도 약해지면 공동체가 건강을 잃고 마는데, 지금 우리 시대가 그런 불균형한 모습을 보여 주고 있다. 곧 물질적인 면을 지나치게 강조함으로써 정신적인 면을 과도하게 약화시킨 것이다. 무엇보다 대학에서 인문학이 급격히 쇠퇴한 것이, 우리 시대가 물질을 모든 것의 기준으로 삼는 균형 잃은 사회로 가고 있음을 보여 주는 증거이다. 이 때문에 오늘날 학생들에게서 인문학적 상상력이 점점 결여되는 걱정스러운 일이 일어나고 있다.

이스라엘은 삶의 균형을 유지할 두 조직을 만든 다음, 이 두 조직을 성결하게 하기 위해 투명성과 정직성을 핵심 가치로 삼았다. 왜냐하면 아무리 중요한 조직이라도 부패하면 문제가 되기 때문이다. 중국에서는 국가 권력이 교체되면서 지난 십 년에 대한 평가가 이루어진 적이 있었다. 중국은 그동안 경제가 엄청난 성장을 이루어 규모 면에서는 일본을 제치고 세계 2위가 되었지만, 정치와 사회에서의 부패가 그 못지않게 엄청나게 심해졌다. 공산당 지도부 인사들이 해외로 은닉한 재산만 해도 백사십조 원을 넘을 뿐 아니라, 그들의 친인척들이 중국의 요직을 모두 차지하고 있다는 보도까지 나왔다. 그래서 새 지도부는 이런 부패를 해결하지 못하면 중국이라는 거대한 배가 어떻게 될지 모른다는 위기의식을 갖게 되었다.

부패는 조직을 내적으로 분열시키고 힘을 잃어버리게 한다. 그래서 모세는 조직을 갖추고 난 다음에 가장 먼저 성결화 작업을 한 것이다. 곧 제사를 드림으로써 백성들과 지도자, 그리고 제사장 무리를 모두 정결케 했다. 그런 다음에야 그들은 가나안을 향해 출발했다.

유월절을 지키다

이스라엘 백성은 모든 준비를 마친 후 드디어 시내산 앞을 떠나 가나안으로 향하게 되는데, 이 역사적인 여정을 위해 하나님께서는 출발일을 따로 지정해 주셨다. 그날은 바로 유월절이었다. 이스라엘 백성은 애굽을 떠난 지 꼭 일 년 만에 유월절을 지킨 후 시내산 앞을 떠나게 된 것이다. 그들이 유월절을 지키고 떠났다는 사실은 광야의 순례에서 무엇보다도 중요한 의미를 담고 있다. 그래서 여기서는 왜 하나님께서 그들을 유월절을 지킨 후에 출발하게 하셨는지를 생각해 보고자 한다.

이스라엘에게 유월절은 우리나라의 개천절과 광복절을 합친 절기와 같다고 할 수 있다. 일 년 전에 애굽을 빠져나올 때 이스라엘 백성은 특별한 일들을 경험했다. 곧 애굽 땅에 임한 열 가지 재앙이었다. 바로는 이미 아홉 가지의 엄청난 재앙을 겪었음에도 끝까지 이스라엘 백성을 놓아주지 않았다. 그래서 마침내 마지막 열 번째 재앙이 임했는데, 그것은 애굽의 모든 장자가 죽게 되는 재앙이었다.

'장자를 죽이는 재앙'에는 깊은 의미가 담겨 있다. 보통 가문을 잇는 장자가 죽는다는 것은 그 가문의 대가 끊어진다는 뜻이다. 따라서 애굽의 장자가 죽는 것은 애굽이라는 제국의 종말이 선언되는 것이며, 애굽이 지배하는 옛 질서의 종말을 의미하는 것이다. 이러한 재앙으로 온 애굽 땅에 곡소리가 울려 퍼졌다. 하지만 이스라엘 백성들은 문설주에 어린양의 피를 바르라는 하나님의 말씀에 순종함으로써 그 재앙을 모면할 수 있었다.

그들의 장자가 죽지 않았다는 것은 그들의 가문이 대를 이어 간다는 뜻이다. 그런데 그들을 지배하던 애굽 제국의 종말이 선언되었으니, 이것은 이전에 노예였던 이들이 새로운 백성과 새로운 나라로 출발하게 된다는 뜻이 되었다. 죽음의 지배 아래 있었던 이들이 '어린양의 피'를 통해서 살아나고, 그들의 후손 또한 대대로 살아남아 새로운 질서를 가진 새로운 나라로 존속할 수 있는 공동체가 된 것이다. 이런 점에서 유월절은 이스라엘 민족의 생일이라고 할 수 있다. 때문에 이스라엘 민족은 그 사건이 있었던 달을 한 해의 첫 달로 삼았다.

유월절은 이스라엘 백성으로 하여금 애굽이라는 과거를 떠나 가나안이라는 미래를 향해 출발하도록 했다. 그래서 유월절은 노예였던 이들이 자유민으로서 살아가는 첫 출발점이 된다. 또한 유월절은 죽음을 벗어나 생명으로, 애굽 제국의 폭압적 통치를 벗어나 생명을 주시는 하나님의 통치로 이행하는 새로운 시작점이 된다. 이런 이유로 애굽을 빠져나와 시내산 앞에서 일 년을 보낸 뒤 드디어 가나안을 향하여 떠나려 할 때, 이스라엘 백성에게는 그 출발일로서 유월절만큼 의미 있는 날이 없었다.

보이지 않는 더 중요한 준비

모세는 가나안으로 향하기 전에 온 백성으로 하여금 한 사람도 빠짐없이 유월절을 지키도록 했다. 대체로 국가적인 명절은 형식적으로 지키기가 쉽다. 그래서 우리 또한 광복절을 산으로 들로 놀러 다니며 지키거나, 하루 종일 TV 앞에서 지키곤 한다. 하지만 모세는 모든 백성으로 하여금 마음을 다해서 유월절을 지키도록 했다. 심지어 불가피한 사정으로 유월절을 지키지 못하게 된 사람을 위해서 유월절을 추가하여 지키게 한다. 유월절은 원래 1월 14일인데, 한 달 뒤인 2월 14일에 한 번 더 유월절을 지키게 한 것이다. 이

때 이스라엘 백성에 속한 사람들, 즉 애굽을 떠날 때 함께 따라 나온 다른 민족들도 모두 유월절을 지키도록 했다9장 11~14절. 이처럼 모세는 백성들이 유월절을 지키는 것을 굉장히 중요하게 여겼다.

하나님께서 모세에게 이렇게 하도록 지시하신 또 다른 이유가 있을까? 이미 성막도 지었고, 율법도 받았고, 군대도 조직되어 필요한 준비가 다 끝난 상황에서 그냥 떠나면 될 것을, 굳이 이렇게 유월절을 철저하게 지키게 한 후에 떠나게 하신 이유는 무엇일까?

우리는 여기서 모세가 여행을 준비하는 데 매우 중요하다고 생각한 것을 하나 더 보게 된다. 그것은 바로 눈으로는 보이지 않는 '정신'이라는 준비물이다. 곧 유월절을 통해서 백성들의 마음속에 중요한 정신을 새겨 넣는 일이었다. 모세는 이스라엘 백성으로 하여금 유월절을 지키게 함으로써, 일 년 전 그날에 일어난 일들을 그들의 기억 속에서 재현하기를 바랐다. 그들이 어떻게 애굽을 빠져 나왔는지, 어떻게 죽음이 그들을 지나쳐 갔는지, 어떻게 생명을 얻었는지, 어떻게 하나님의 백성이 되었는지를 깊이 회상하기를 기대했다. 이 절기를 통해 과거에 시작되어 지금도 계속되고 있는 하나님의 은혜를 진지하게 되새기기를 바랐다.

모세는 이런 은혜를 확신하는 것이 광야의 길을 가는 데 가장 중요하다는 것을 잘 알았다. 이것은 마치 광야의 길을 걷는 백성들의 마음의 연료통에 연료를 가득 채우는 것과도 같았다. 이 연료가 채워져 있지 않으면 백성들은 여정 중에 금방 마음이 공허해져서 쉽게 지치고 말 것이다. 그래서 모세는 백성들로 하여금 유월절을 지키게 함으로써 하나님의 은혜라는 영적 연료를 그들의 마음에 가득 채운 후 시내산 앞을 떠나도록 했다. 백성들이 유월절에 담긴 하나님의 계획과 목적을 기억하고 신뢰할 때 광야의 길을 끝까지 걸어갈 수 있기 때문이다.

잊지 말아야 할 것

예수님께서 십자가에서 죽으신 날도 유월절이었다. 예수님께서는 "무교절의 첫날 곧 유월절 양 잡는 날"에 제자들과 만찬을 가지셨다 마가복음 14장 12절. 오래전 출애굽의 상황을 재현하면서 하나님의 은혜를 기억하는 절기인 그날, 그 유월절의 식사 중에 예수님께서는 떡과 포도주를 나누어주시며 이렇게 말씀하셨다.

> 또 떡을 가져 감사 기도 하시고 떼어 그들에게 주시며 이르시되 이것은 너희를 위하여 주는 내 몸이라 너희가 이를 행하여 나를 기념하라 하시고 저녁 먹은 후에 잔도 그와 같이 하여 이르시되 이 잔은 내 피로 세우는 새 언약이니 곧 너희를 위하여 붓는 것이라
> (누가복음 22장 19, 20절)

이 말씀은 예수님 그분께서 친히 유월절의 어린양이심을 말씀해 주신 것이다. 즉 자신의 피를 수많은 사람들의 인생 문설주에 바름으로써 죽음이라는 재앙을 피하게 하신 것이다. 그래서 죄와 사망의 노예였던 우리를 제2의 모세이신 예수님께서 영적 애굽으로부터 벗어나게 하시고 하나님의 자녀가 되게 해 주셨다.

이로써 우리는 옛 세상인 영적 애굽에서 벗어나, 예수님을 통해 이미 도래했고 또 도래하게 될 새 세상인 영적 하나님 나라에 속하게 된 것이다. 출애굽 이후 이스라엘 백성이 무수히 지켜 왔던 유월절은 앞으로 있을 예수님의 십자가를 가리키는 표지판이었다. 따라서 유월절은 예수님의 십자가에서 그 절정에 이르고 그 진정한 실상을 만나게 된다. 예수님께서는 제자들에게 세상에서 흩어져 있다가 모일 때마다 주의 만찬을 행하라고 하셨는데, 이 또한 하나님께서 시내산 앞의 이스라엘로 하여금 유월절을 지키고 여행길에 오르게 하신 것과 같다.

그러므로 우리는 광야로 길을 나설 때마다 유월절을 기억해야 한다. 인생 광야에서 약속된 땅을 향하여 그 길을 나아가게 하는 내적인 힘은 바로 유월절의 은혜를 기억하는 것으로부터 나오기 때문이다. 설령 광야를 걷다가 쓰러진다고 해도, 유월절의 은혜를 통해서 다시 일어날 수 있다. 하나님의 뜻을 어기고 죄를 지었어도, 예수님의 보혈을 통해 정결해지고 새롭게 시작할 수 있기 때문이다. 힘든 일이 있을 때 유월절에 담긴 하나님의 사랑이 내게 다시 도전할 힘을 주고, 억울한 일을 당할 때 예수님 십자가의 약속을 생각하면서 마음에서 툭툭 털어 버리고 새로 시작할 수 있다. 이처럼 유월절에 담긴 은혜를 기억할 때, 우리는 광야의 길을 걸어갈 수 있는 힘을 얻게 된다.

우리는 늘 '한 주'라는 광야의 길을 걷는다. 우리는 대부분 일주일이 '월, 화, 수, 목, 토, 토, 토' 같으면 좋겠다 싶지만, 보통은 '월, 화, 수, 목, 금, 금, 금'처럼 바쁘게 살며 어김없이 다시 찾아오는 월요일을 맞이한다. 대체 어떻게 해야 일주일 동안 쉼 없이 계속되는 광야의 길을 지치지 않고 걸어갈 수 있을까? 그 답은 주일 예배다. 예배를 통해 유월절을, 십자가를 기억함으로써, 하나님의 은혜라는 연료를 마음에 가득 채운 후 월요일로 나서는 것이다.

또한 우리가 사는 '하루'도 광야의 길을 걷는 것이다. 우리는 어제의 짐이 여전히 우리의 어깨를 무겁게 내리누르는 채로 또 하루를 걷는다. 대체 어떻게 해야 이토록 피곤한 하루라는 광야의 길을 힘차게 걸어갈 수 있을까? 그 답 또한 작은 유월절을 지킨 후 광야의 길로 나서는 것이다. 즉 아침마다 경건의 시간을 통해 유월절과 십자가를, 그 은혜와 구원과 사랑을, 하나님의 임재와 약속을 기억하는 것이다. 그리하면 하나님의 은혜라는 영적 휘발유를 마음의 연료통에 가득 채우고 하루라는 광야의 길을 힘차게 걸어갈 수 있다.

일주일이라는 광야의 길과 하루라는 광야의 길을 유월절을 지키지 않고 떠나는 법이 없도록 해야 한다. 아침에 일어나서 유월절의 어린양을 바라보면서, 십자가 위에서 그분께서 우리에게 주시는 말씀을 마음의 귀로 듣고 가자. "사랑하는 아들아 딸아, 내가 너를 사랑한다. 너는 나의 자녀요 나의 백성이다. 나는 너의 하나님이다. 내가 오늘 너의 광야길에 동행할 것이다." 하시는 유월절의 메시지를 가슴에 가득 채우고 삶의 광야길을 떠나기를 바란다.

인도하시는 방법

이렇게 모든 백성이 다 같이 유월절을 지킨 후, 드디어 이스라엘 백성은 유다 지파를 선두로 해서 열두 지파가 진영별로 행진해 나간다. 그리고 제사장과 레위 지파들은 성막과 성물, 언약궤를 메고 행진한다.

그들의 행진은 그들만의 행진은 아니었다. 그들은 구름 기둥의 인도를 받으며 갔다. "구름이 성막에서 떠오르는 때에는 이스라엘 자손이 곧 행진하였고 구름이 머무는 곳에 이스라엘 자손이 진을 쳤"다 9장 15절. 그리고 "이틀이든지 한 달이든지 일 년이든지 구름이 성막 위에 머물러 있을 동안에는 이스라엘 자손이 진영에 머물고 행진하지 아니하다가 떠오르면 행진하였"다 9장 22절. 이처럼 그들은 하나님께 구름 기둥으로 인도받으면서 광야의 길을 나아갔다.

그런데 이렇게 구름 기둥의 인도를 따라 길을 갈 때, 모세의 장인인 호밥과 그 식구들 역시 이스라엘 자손과 함께 있었다. 모세가 이들에게 함께 동행하자고 제안했기 때문이다. 처음에 호밥은 모세의 제안을 거절했다. 하지만 모세는 계속해서 이렇게 간청한다. "청하건대 우리를 떠나지 마소서 당신은 우리가 광야에서 어떻게 진 칠지를 아나니 우리의 눈이 되리이다" 10장 31절 호밥이 사막의 지형에 매우 익숙한 사람이었기 때문에 모세로서는 그의 도움이 절실했던 것이다. 결국 호밥은 모세의 청에 못 이겨 따라 나섰다.

여기서 우리가 질문해야 할 것이 한 가지 있다. 이미 언약궤와 구름 기둥이 이스라엘을 인도하고 있는데, 왜 모세는 인간인 호밥에게 도움을 요청했을까? 그리고 왜 성경은 하나님만이 아니라 사람을 의지하는 듯한 이러한 모세의 행동을 전혀 꾸짖지 않는 걸까?

이것은 호밥에게 도움을 청하는 모세의 행동이 하나님을 의심하거나 불순종하는 것이 아니라, 오히려 가나안을 향하여 떠나라는 하나님의 말씀에 순종하는 데서 자연스럽게 비롯된 것이었기 때문이다. 이스라엘 백성은 광야에서 분명히 구름 기둥이라는 하나님의 인도를 받았지만, 그렇다고 광야를 행진하는 동안 그들이 아무것도 하지 않는 것은 아니었다. 하나님께서는 사막 지형 전문가인 호밥에게 도움을 구하는 모세의 모습을 불신앙의 표현으로 보지 않으셨다.

　인생 광야의 길을 갈 때 말씀의 인도를 받는 것은 무엇보다도 중요한 일이다. 그런데 하나님의 인도는 말씀뿐만 아니라 매우 다양한 다른 방법으로도 나타날 수 있다. 때로는 상황의 변화로, 때로는 사람의 개입으로 나타나기도 한다. 우리는 끊임없이 말씀의 인도에 주목해야 하지만, 동시에 주변 상황의 변화와 하나님께서 세우신 사람들이나 전문가들, 또는 공동체의 인도에도 주목해야 한다. 신앙은 분명 이성을 초월하는 것이지만 결코 이성과 무관하지는 않다. 마찬가지로 하나님의 인도는 환경이나 사람, 공동체의 인도를 초월하지만, 그렇다고 상황이나 사람, 공동체와 무관하지는 않다. 하나님께서는 오히려 상황과 사람, 공동체를 통해 그분의 자녀를 인도하기도 하신다.

균형

　모세와 이스라엘 공동체가 광야의 길을 갈 때 호밥의 목소리에 귀를 기울인 것처럼, 우리도 인생의 길을 갈 때 각계각층의 전문가들에게 도움을 받아야 한다. 무엇보다도 주님 안에서 함께 공동체를 이룬 사람들의 목소리에 귀를 기울여야 한다. 마치 혼자만 하나님께 계시를 받은 척 다른 사람을 무시해서는 안 된다. 이단들은 항상 이런 독단에 빠져든 사람들에게서 비롯된다. 또 동시대를 살아가는 다양한 사람들의 목소리도 들을 필요가 있다. 힘 있고 권위 있는 사람들의 목소리만 들을 것이 아니라, 가난한 자들의 목소리, 소수 민족의 목소리, 어린아이들의 목소리도 들어야 한다. 아프리카의 목소리를 들어야 하고, 아시아의 목소리도 들어야 한다. 이와 같은 다양한 목소리들에 귀를 기울이는 개방적인 태도를 가져야 한다.

그런데 이러한 여러 사람들의 여러 소리들을 들을 때는 그것들을 분별할 수 있는 능력을 필요로 한다. 왜냐하면 수많은 소리들을 듣다 보면 혼란에 빠지기 쉽기 때문이다. 그것이 귀를 기울여야 할 소리인지, 아니면 무시해야 할 소리인지를 분별할 줄 아는 능력이 필요하다. 이런 분별을 위해서는 궁극적으로 구름 기둥의 인도에 우리의 시선을 두어야 한다. 곧 하나님의 말씀을 경청하는 것이 최우선이다. 그러면서 호밥과 같은 사람들의 도움을 받는 일이 필요한 것이다. 하나님의 말씀을 듣지 않고 인간의 소리에만 귀를 기울이면 길을 잃게 된다. 이것을 증명하는 이야기가 곧이어 나오는 가나안 정탐 사건이다.

반대로 하나님의 소리에 귀를 기울인다고 하면서 사람들의 다양한 목소리를 무시해서도 안 된다. 어느 학생이 진학할 학교와 학과를 정하기 위해서 고민한다고 가정하자. 그는 기도로 하나님의 뜻을 구할 것이다. 그러나 당연히 그와 더불어 반드시 학교 선생님이나 입시 전문가 등 이 일에 대해서 잘 아는 다른 사람들의 조언을 충분히 듣고 결정해야 할 것이다.

이와 같이 우리는 말씀을 통해 매일 하나님의 음성에 주목하는 한편, 이 시대의 다양한 소리에도 귀를 기울이면서 인생의 길을 걸어가야 한다. 간혹 어떤 사람은 하나님의 음성에 귀를 기울인다는 이유로 지나치게 초자연적인 인도만을 고집하는 영적인 독단에 빠져든다. 반면 어떤 사람은 아예 하나님의 인도를 무시한 채 살아가다가 삶의 목적과 의미 자체를 상실하고 만다. 그러므로 신비와 지성, 영성과 이성, 초자연적 인도와 자연적 인도의 균형을 갖추고 광야의 길을 걸어가는 것이 중요하다. 믿음으로 인도받는 삶은 어느 한 극단이 아니라 건강한 균형을 유지한다는 것을 우리는 배워야만 한다.

광야의 길을 나서기 전에 이스라엘 백성이 유월절을 지켰다는 사실을 다시 한 번 깊이 생각해 보자. 우리나라에서는 기름값이 비싸서 주유하기가 무서울 정도다. 그러나 은혜라는 영혼의 휘발유는 아무리 많이, 아무리 자주 넣어도 항상 무료다. 우리는 항상 말씀에서 비롯되는 은혜를 마음속에 가득 채우고 있어야 한다. 이렇게 가득 주유한 후에는 말씀의 하늘에 떠오른 구름 기둥을 쳐다보면서 걸어가야 한다. 이때는 함께 걷는 형제의 손을 잡고 걷는다. 하늘의 목소리와 형제자매의 목소리를 함께 들으면서 말이다. 이것이 광야를 잘 통과하는 비법이다. 이렇게 하면 아무리 거친 광야라도 거뜬히 통과할 수 있고, 광야의 순례는 주님과의 행복한 동행이 되며, 형제자매와의 아름다운 추억이 될 수 있다.

거룩과 성결, 중심가치

(민수기 5장 1~10절, 8장 5~13절)

/

1 여호와께서 모세에게 말씀하여 이르시되 2 이스라엘 자손에게 명령하여 모든 나병 환자와 유출증이 있는 자와 주검으로 부정하게 된 자를 다 진영 밖으로 내보내되 3 남녀를 막론하고 다 진영 밖으로 내보내어 그들이 진영을 더럽히게 하지 말라 내가 그 진영 가운데에 거하느니라 하시매 4 이스라엘 자손이 그같이 행하여 그들을 진영 밖으로 내보냈으니 곧 여호와께서 모세에게 이르신 대로 이스라엘 자손이 행하였더라 5 여호와께서 모세에게 말씀하여 이르시되 6 이스라엘 자손에게 이르라 남자나 여자나 사람들이 범하는 죄를 범하여 여호와께 거역함으로 죄를 지으면 7 그 지은 죄를 자복하고 그 죄 값을 온전히 갚되 오분의 일을 더하여 그가 죄를 지었던 그 사람에게 돌려줄 것이요 8 만일 죄 값을 받을 만한 친척이 없으면 그 죄 값을 여호와께 드려 제사장에게로 돌릴 것이니 이는 그를 위하여 속죄할 속죄의 숫양과 함께 돌릴 것이니라 9 이스라엘 자손이 거제로 제사장에게 가져오는 모

든 성물은 그의 것이 될 것이라 10 각 사람이 구별한 물건은 그의 것이 되나니 누구든지 제사장에게 주는 것은 그의 것이 되느니라 (민수기 5장 1~10절)

5 여호와께서 모세에게 말씀하여 이르시되 6 이스라엘 자손 중에서 레위인을 데려다가 정결하게 하라 7 너는 이같이 하여 그들을 정결하게 하되 곧 속죄의 물을 그들에게 뿌리고 그들에게 그들의 전신을 삭도로 밀게 하고 그 의복을 빨게 하여 몸을 정결하게 하고 8 또 그들에게 수송아지 한 마리를 번제물로, 기름 섞은 고운 가루를 그 소제물로 가져오게 하고 그 외에 너는 또 수송아지 한 마리를 속죄제물로 가져오고 9 레위인을 회막 앞에 나오게 하고 이스라엘 자손의 온 회중을 모으고 10 레위인을 여호와 앞에 나오게 하고 이스라엘 자손이 그들에게 안수하게 한 후에 11 아론이 이스라엘 자손을 위하여 레위인을 흔들어 바치는 제물로 여호와 앞에 드릴지니 이는 그들에게 여호와께 봉사하게 하기 위함이라 12 레위인으로 수송아지들의 머리에 안수하게 하고 네가 그 하나는 속죄제물로, 하나는 번제물로 여호와께 드려 레위인을 속죄하고 13 레위인을 아론과 그의 아들들 앞에 세워 여호와께 요제로 드릴지니라(민수기 8장 5~13절)

목표를 위한 준비

인생은 '길 위의 학교'이다. 우리는 과거에서 미래로 이어지는 길을 걸으면서 배우고, 또 배우면서 바뀌고 변화된다. 그렇게 길을 걷다가 인생 학교를 졸업하게 된다. 민수기는 길 위의 학교를 다니는 모든 학생들의 교과서이다. 오래전 이스라엘 백성이 광야의 길을 통과하던 이 이야기는 지금 현재 '길 위의 학교'를 다니는 우리에게, 하나님을 믿고 인생길을 걷는 것이 어떠한 것이어야 하는지를 가르쳐 준다.

민수기는 이스라엘 백성이 애굽에서 종살이를 하다 모세의 인도 아래 출애굽한 장면으로 이야기를 시작한다. 그들이 애굽을 빠져나올 때는 제대로 된 조직이 전혀 없었다. 그야말로 오합지졸 상태였다. 이렇게 애굽을 탈출한 지 오십 일째 되는 날, 그들은 드디어 시내산 앞에 도착했다.

하지만 시내산은 그들의 최종 목적지가 아니었다. 그곳은 그들이 안주할 곳이 아니라, 가나안이라는 목적지를 향해 가기 위한 준비를 해야 할 곳이었다. 더군다나 그들의 목적지인 가나안 땅은 개발이 완료되어 입주자를 기다리는 신도시처럼 그들을 기다리고 있는 곳이 아니었다. 그곳에는 막강한 가나안 족속들이 버티고 있었고, 가나안으로 향하는 길목에도 숱한 적들이 그들을 노리고 있었다. 상황이 이렇다 보니 그 땅에 오합지졸 상태로 갈 수는 없었다.

그렇게 했다가는 가나안에 도착하기도 전에 길에서 적의 공격을 받아 다 죽을 수도 있었다. 따라서 그들에게는 준비가 필요했고, 그 준비를 했던 곳이 바로 시내산 앞이었다.

우리도 목표를 향하여 길을 갈 때는 먼저 준비를 해야 한다. 준비 여부에 따라서 결과가 달라지기 때문이다. 그렇다면 목표를 이루기 위해서는 어떤 준비를 해야 할까? 또 어떤 조직을 갖추어야 할까?

두 가지 준비

앞에서 본 대로 이스라엘 백성은 두 종류의 조직을 갖추었다. 하나는 이십 세 이상의 청년을 중심으로 하는 군대 조직이었고, 다른 하나는 레위 지파를 중심으로 하는 제사장 조직이었다. 군대 조직은 적들의 공격으로부터 백성을 보호하는 한편, 가나안에 들어가 적들과 싸우기 위한 것이었다.

흔히 사람들은 가나안에 이르고 정복하기 위해 필요한 것으로 군대 조직만을 생각하는 경향이 있다. 즉 어떤 공동체나 조직 또는 나라를 세울 때, 가시적인 조직인 군사, 정치, 경제 등만 갖추면 된다고 생각하는 것이다. 하지만 하나님께서는 군대만 조직하지 않고 레위인을 중심으로 하는 제사장 조직도 만드셨다. 여기에서 하나님의 은혜가 빛을 발하는데, 사실 하나님께서는 군대 조직보다 제사장 조직에 더 큰 비중을 두고 관심을 쏟으셨다.

대체 제사장 조직이 무엇이기에 그렇게 하셨을까? 밖의 적으로부터 이스라엘 백성을 지키는 것이 군대의 역할이었다면, 제사장의 역할은 무엇이었을까? 앞에서 살펴본 대로, 그것은 '위로부터의 공격'에서 이스라엘 백성을 지키는 것이었다. 이스라엘 백성이 죄를 지으면 그들 위에 하나님의 심판의 구름이 드리우는데, 이때 제사장에게 그들의 죄를 용서해 달라는 제사를 드리게 하셔서 위로부터 오는 심판에서 그들을 건져 내시려 하신 것이다.

하지만 이것만이 제사장 조직을 세우신 주된 목적은 아니었다. 제사장이 하는 좀 더 적극적인 역할이 또 있었는데, 그것은 하나님께서 그분의 백성들 가운데 거하시도록 하는 일이었다. 이러한 제사장들의 사역을 통해 하나님께서는 그들의 진영 중앙에 있는 성막에 거하셨다. 그럼으로써 최고 사령관이신 하나님께서 그들의 중앙에 머무시고 그들과 동행하셨다. 이처럼 하나님께서 백성들로 하여금 군대로 조직된 그들 자신의 힘만 의지하지 않고, 제사장 조직을 통해 주시는 하나님의 놀라운 능력을 의지하도록 하셨다.

마찬가지로 오늘날 우리가 인생이라는 광야의 길을 걸어갈 때도 두 가지 조직, 곧 군대 조직과 제사장 조직이 필요하다. 군대 조직은 우리가 가진 힘을 조직화하고 우리의 능력을 잘 준비하고 연마하는 것을 의미한다. 우리는 우리에게 주어진 재능과 기회를 잘 사용해서 열심히 노력하고 공부하고, 그래서 우리에게 있는 능력과 자질을 극대화해야 한다. 하지만 이것이 전부가 되어서는 안 된다. 여기에 한 가지가 더 필요한데, 그것이 바로 제사장 조직이다. 즉 하나님의 능력을 의지하고 그분의 능력이 우리에게 임하도록 그분을 붙드는 일이 매우 중요하다.

청년들은 먼저 자기에게 있는 가능성을 계발하기 위해 최선을 다해야 한다. 그럼으로써 광야를 행진하는 강력한 군대가 되도록 노력해야 한다. 그러나 그것만으로는 충분치 않다. 청년들은 무엇보다 먼저 하나님의 능력을 붙들어야 한다. 제사장이 되어 하나님을 붙들고, 의지하고, 기도하고, 말씀에 귀를 기울이며 살아가야 한다. 수능을 준비하는 학생들 역시 마찬가지다. 분명 열심히 공부해야 한다. 그럼으로써 유능한 군사가 되어야 한다. 하지만 그와 더불어 간절히 기도하는 겸손한 제사장이 되어야 한다.

몸에 병이 생겼을 때도, 병원에 가서 진료도 받고 우리가 할 수 있는 것을 다해야 한다. 하지만 동시에 하나님의 도움을 바라며 간절히 기도하는 것도 잊지 말아야 한다. 하나님께서는 언제든 초자연적으로 개입하실 수 있지만, 대개의 경우 하나님께서는 허락하신 일반은총을 통하여 자연적인 방법으로 치료하신다. 그러므로 기도 없이 병원 치료만 받거나, 병원 치료 없이 기도만 하는 것은 옳지 않다. 기적이 일어나는 경우도 있지만, 특별한 인도가 없을 때에는 일반적으로 이 두 가지를 함께해야 한다.

목회자가 말씀을 준비할 때도 마찬가지다. 그는 최선을 다해서 성경 말씀을 깊이 연구해야 한다. 하지만 그것만으로는 안 된다. 그는 먼저 기도를 통해 하나님의 임재를 구해야 한다. 물론 그렇다고 해서 기도만 한 채 "믿습니다!"하고 단에 올라서서도 안 된다. 말씀을 준비할 때는 본문을 연구하면서 기도하고, 또 기도하면서 연구해야 한다.

입으로 구하고 발로 찾고

예수님께서는 기도에 관해 이렇게 말씀하셨다.

> 내가 또 너희에게 이르노니 구하라 그러면 너희에게 주실 것이요 찾으라 그러면 찾아낼 것이요 문을 두드리라 그러면 너희에게 열릴 것이니 구하는 이마다 받을 것이요 찾는 이는 찾아낼 것이요 두드리는 이에게는 열릴 것이니라(누가복음 11장 9, 10절)

기도는 먼저 입으로 구하는 것이다. 따라서 소리 내어 간절히 기도해야 한다. 그러나 기도는 입으로 간구하는 것만이 전부는 아니다. 그 다음 말씀으로 "찾으라" 하신다. 찾기 위해서는 무엇보다 발로 뛰어다녀야 한다. 따라서 발로 뛰어다니며 찾는 것도 역시 기도라는 것을 알 수 있다. 우리가 할 수 있는 일을 열심히 하고 발로 뛰어다니는 것은 기도를 게을리하는 것이 아니다. 오히려 입으로 기도하기만 하고 현실적인 노력은 멈추는 것이 기도를 게을리하는 것이다. 내가 할 수 있는 최선을 다하는 것도 역시 기도라는 것을 잊지 말아야 한다.

그 다음 말씀은 "문을 두드리라"라는 것이다. 문이 아직 열리지 않았으므로 두드려야 한다. 문이 열리지 않으면, 곧 문제가 해결될 기미가 보이지 않으면 포기하기 쉽다. 그러나 포기하지 않고 열릴 때까지 기다리는 것도 역시 기도이다. 이처럼 예수님께서는 입으로 구하고, 발로 뛰고, 또 인내하며 기다리는 것 전부를 기도라고 말씀하셨다.

이런 점에서 우리가 제사장 조직을 갖추고 성막에서 제사드리는 것만을 기도라고 할 수는 없다. 군대 조직을 갖추어 현실적인 준비를 하는 것도 역시 기도이기 때문이다. 이 둘은 결코 분리할 수 없는 것이다. 우리는 하루를 시작하면서 큐티책을 꺼내 말씀과 기도로 하루를 준비하는 시간이 꼭 필요하다. 동시에 오늘 해야 할 일을 살펴보고 그 일을 위해 가능한 최선의 노력을 다해야 한다. 앞 장에서 광야의 길을 걸어갈 때 균형을 유지하며 걸어가야 한다고 했다. 영적인 준비와 이성적인 준비가 늘 함께 되어야 한다. 그럴 때 광야의 길을 바르게 걸어갈 수 있다.

성결을 구하다

광야의 이스라엘이 군대 조직과 제사장 조직을 준비할 때, 군대 조직은 스무 살 이상 남자들을, 제사장 조직은 레위인을 중심으로 했다. 또한 열두 지파가 세 지파씩 나뉘어 각각 동서남북을 향하여 진을 치고, 중앙에는 하나님께서 임재하시는 성막이 위치하도록 했다.

이렇게 조직한 다음 이스라엘 백성이 곧바로 가나안을 향해 출발했을까? 아니다. 조직을 갖춘 후에는 그 조직이 제대로 작동하도록 훈련을 해야 한다. 군대를 조직한 후에는 군사훈련을, 제사장을 조직한 후에는 제사법에 대한 훈련을 해야 한다. 이스라엘이 시내산 앞에서 한 일이 바로 그런 일이었다.

그런데 이런 준비들만이 전부는 아니었다. 이후 하나님께서 가장 강조하신 것이 한 가지 더 있었다. 그것이 무엇이었을까? 바로 성결이었다. 하나님께서는 이스라엘 공동체를 성결케 하는 작업을 하셨다. 이를 위해 모세를 통해 먼저 '피부병이 있는 자들'을 열 두 지파 진영으로부터 내보내신다. 이는 일차적으로 위생적으로 필요했기 때문이기도 했지만, 또 한편으로는 공동체를 신체적으로 성결하게 하시려는 것이기도 했다. 그 후에는 백성들 사이에서 거짓말, 사기와 같은 것들로 말미암아 생겨난 갈등을 해결하게 함으로써 공동체의 내의 인간관계를 성결하게 하신다.

또한 하나님께서는 열두 지파의 지휘관들로 하여금 하나님께 제사드리는 데 필요한 예물을 바치도록 함으로써 지도자들을 성결하게 하신다. 그리고 성막을 돌보도록 선정한 레위인들을 성결하게 하시고, 또 비록 레위인이 아니더라도 하나님께 헌신하기 원하는 사람들이라면, 남녀 구별 없이 특별한 서원을 통하여 나실인으로 자원하게 하신다.

하나님께서 두 조직을 만드신 후 곧바로 이 두 조직을 성결케 하는 일에 집중하셨다는 점을 주목할 필요가 있다. 어떤 나라나 공동체든지 간에 조직이 건강하려면, 그 조직이 정직하고 투명하게 운영되어 신뢰를 얻을 수 있어야 한다. 그렇지 않고 단순히 조직을 갖추고 훈련으로 그 조직을 강화하기만 하면 된다고 생각하면 오산이다. 하나님께서는 이것을 잘 아셨다. 그래서 조직을 완료한 후에 각 조직이 항상 지녀야 할 핵심 가치와 정신을 그 안에 불어넣으셨다. 그 가치와 정신은 바로 성결, 곧 거룩하고 깨끗함이었다.

성결의 가치, 즉 정직성과 도덕성과 투명성이 없는 공동체는 분명 오래 지속되지 못한다. 하지만 하나님께서 성결을 강조하신 더 중요한 이유가 있었다. 바로 하나님께서는 부정직하고 부도덕하고 불투명한 공동체와는 함께 계시지 않으시기 때문이었다. 이것 때문에 하나님께서는 무엇보다 성결을 우선순위에 두셨던 것이다.

중앙에 있는 성막

이스라엘 진영의 중앙에는 성막이 있었다. 성막은 하나님께서 거하시는 곳이다. 따라서 성막을 진영의 중앙에 두었다는 것은 하나님께서 이스라엘 공동체의 중심에 계셔야 한다는 뜻이었다. 곧 이스라엘 백성이 하나님을 왕으로 모시고 하나님의 인도를 받아야 한다는 것인데, 모세는 이것이 얼마나 중요한지를 잘 알고 있었다. 하나님의 동행 없이 이스라엘 백성의 능력만으로는 결코 광야를 통과할 수 없었기 때문이다.

인생이라는 광야의 길을 갈 때 정말 중요한 것은, 하나님께서 우리와 함께 동행해 주시는 것이다. 우리의 힘만으로는 갈 수 없다. 하나님께서 인도해 주셔야만 한다. 즉 성막이 우리 삶의 중앙에 있어야 한다. 물론 인생의 길을 걸을 때 어떤 길을 걷는가가 중요한 문제일 수 있다. 사람에 따라서는 잘 닦인 길을 편하게 걷는 사람도 있고, 개척자처럼 길을 만들면서 걸어가야 하는 사람도 있다. 그러나 각자가 걸어가는 길은 그야말로 다 다르다. 누구나 자신만의 길을 걸어야 할 뿐이다. 따라서 어떤 길을 걷는가가 꼭 중요한 문제는 아니다.

길을 걸어갈 때 정말 중요한 것은 어떤 길을 걷느냐가 아니라, 누구와 함께 걷느냐는 것이다. 국가 지도자의 경우에는 그 길을 국민들이 함께하느냐, 또는 그 길을 국민이 인정하느냐 하는 것이 중요하다. 우리 그리스도인의 경우에는 우리가 가는 길을 하나님께서 동행하시느냐, 또는 그 길을 하나님께서 인정하시느냐 하는 것이 가장 중요하다. 세상의 그 어떤 것도 하나님께서 우리와 길을 함께하시는 것보다 귀하지는 않다.

우리는 예배를 마칠 때마다 축도를 받는다. 축도는 하나님께서 복을 내려 주심을 선언하는 것이다. 그런데 이때 선언하는 복의 내용이 무엇인가? 그것은 '성자의 은혜와 성부의 사랑과 성령의 임재가 항상 당신과 길을 함께하기를 축원한다'는 내용이다. 여기서 핵심은 삼위 하나님의 동행이다. 삼위 하나님과의 동행이야말로 최고의 축복이다. 영어 인사인 굿바이(Good bye)가 "God be with you", "하나님께서 함께 계실 것이다"의 준말이라는 이야기가 있다. 헤어지면서 사람에게 해 줄 수 있는 축복 기도의 내용으로 "God be with you"만 한 것이 없다는 것이다. 능력과 사랑의 하나님께서 우리와 함께 동행하시는 것보다 더 귀한 것은 없기 때문이다.

동행의 조건

하나님께서 우리와 늘 동행하시는 데는 중요한 조건이 하나 있다. 그것은 좋은 건물도, 웅장한 예전도, 특별한 종교적 형식도 아니다. 그것은 다름 아닌 성결이다. 이것이 없으면 하나님께서는 우리의 삶에 거하지 않으신다. 왜냐하면 하나님께서는 거룩하신 분이시고, 우리 안에 거하시기 위해 우리에게도 거룩하기를 요구하시기 때문이다. 하나님께서는 임재와 동행을 위해 공동체로 하여금 자기 안의 정결치 못한 것을 제거하고, 죄를 용서받고, 사람들 사이에서 공의와 정직이 서도록 하신 것이다. 신약에서 바울 사도도 "하나님의 뜻은 이것이니 너희의 거룩함이라"라고 가르쳤다데살로니가전서 4장 3절.

광야의 길을 걸을 때 하나님께서 동행해 주시는 것이 가장 중요한 것이며 최고의 축복임을 믿는다면, 우리는 삶에서 성결을 최우선의 가치로 추구해야 한다. 내면의 거룩함을 인생의 중심 가치로 붙들어야 한다. 하나님의 동행은 결코 포기할 수 없는 최상의 축복이다. 이것을 주시기 위해 하나님께서 가장 먼저 강조하신 것이 성결이었음을 기억하자.

성결, 어떻게?

그러면 어떻게 성결을 추구할 수 있을까? 우리가 사는 시대에 성결해지고 그것을 유지하는 것은 결코 쉬운 일이 아니다. 민수기가 기록될 당시 이스라엘 백성의 삶은 적어도 오늘날처럼 정신없이 복잡하지는 않았다. 따라서 성결을 유지하기 어렵다는 면에서는 우리가 사는 21세기가 훨씬 더 가혹한 광야라고 할 수 있다.

구약 시대에는 성결을 지키기 위해서 음식을 정결한 것과 부정한 것으로 구분했다. 이렇게 구분한 것은 공동체의 위생을 위해서만이 아니라, 이방 종교의 우상 숭배 제사와 선을 그음으로써 이스라엘 백성들을 거룩하게 구별하려는 것이었다. 하지만 더 중요한 목적은, 정결한 음식물을 구별하여 먹음으로써 하나님 앞에서 항상 마음의 성결을 유지해야 함을 기억하도록 하는 것이었다. 먹을 것이 풍족하지 않던 당시에는 먹는 일이 강한 유혹이 될 때가 많았기 때문에, 성결하기 위해서는 무엇보다 입을 지키는 것이 중요했다.

그러나 세상이 달라졌다. 앞에서도 말했듯이 오늘날에는 성결을 지키는 것이 훨씬 힘든 일이 되었다. 컴퓨터, 인터넷, 스마트폰의 등장으로 생활은 매우 편리해졌지만, 오히려 이것 때문에 스스로 성결을 지키는 것은 훨씬 더 어려워졌다. 터치 몇 번이면 정결치 못한 생각이나 이미지가 금방 내 속으로 들어올 수 있다. 그래서 오늘날에는 성결을 지키기 위해서 입보다 눈을 더 조심해야 한다.

그러나 단지 조심하기만 한다고 성결을 유지할 수 있는 것은 아니다. 우리는 성결치 못한 것은 비우고 성결한 것은 채우는 매일의 노력을 지속해야 한다. 그런 점에서 매일 하나님과 조용한 시간을 갖는 큐티(QT)는 우리 마음속의 죄를 비워 내고 말씀을 채우는 좋은 도구이다. 이렇게 '비우고 채우면' 우리의 마음이 '빛에' 거할 수 있다. 내 생각을 비우고 하나님의 생각으로 채우고, 부정적인 마음을 비우고 긍정적인 마음을 채우고, 절망을 비우고 절대적 소망을 채우는 비움과 채움의 영적 호흡을 계속할 때, 우리는 비로소 성결을 유지할 수 있는 것이다. 그렇게 하면 하나님께서 우리와 함께 계시고 동행하신다.

광야보다 더 가혹한 광야

민수기의 이스라엘 백성은 광야의 길을 걸었다. 그런데 21세기의 도시에서 살아가면서 그때의 광야보다 더 가혹한 광야의 길을 걷고 있는 우리는, 대체 이 길을 어떻게 걸어가야 할까? 앞에서도 여러 번 지적했듯이, 먼저 군대 조직과 제사장 조직, 이 둘이 함께 균형을 이루어야만 한다. 현실적인 준비는 많이 하면서 정작 영적인 준비에는 소홀하거나, 반대로 현실적인 준비는 하지 않고 기도만 해서는 안 된다. 두 가지 준비가 균형을 이루어야 한다.

이는 교회의 경우도 마찬가지이다. 교회는 거룩한 군대로서 전쟁터인 세상 속에 들어가야만 한다. 세상의 죄와 맞서 싸워야 하기 때문이다. 하지만 오히려 세상이 교회 안에 들어와서 그 거룩함을 훼손하게 되면, 교회는 반드시 개혁되어야 한다. 한편 교회는 세상 속에서 제사장이기도 하다. 세상을 섬기는 제사장으로서 이타적인 공동체가 되어야 한다. 만약 그렇지 못하다면, 역시 교회는 반드시 개혁되어야 한다. 일찍이 교회가 거룩함과 이타성을 잃어버렸던 그때 종교개혁이 일어났다. 이 종교개혁은 한 번으로 끝난 것이 아니다. 종교개혁은 현재진행형으로서 지금도 계속되어야 한다. 이것이 세상 속에서 싸우는 군대이면서 세상을 섬기는 제사장인 교회가 지닌 숙명이기도 하다.

이러한 교회가 되기 위해서 필요한 것은 교회의 규모나 양질의 프로그램 같은 것들이 아니다. 어떤 교단이냐, 어떤 교파냐가 중요한 것도 아니다. 무엇보다 가장 중요한 것은 성결이다. 교회가 성결하지 못하면 하나님께서는 그 안에 거하지 않으신다. 하나님께서 거하지 않으시는 교회는 이 세상에서 아무런 쓸모가 없다. 교회는 이 땅에서 광야의 길을 걷는 공동체로서 자기를 성결하게 해야 한다. 또 한편으로 교회 바깥의 세상을 공의롭게 갱신하는 공동체가 되도록 노력해야 할 것이다.

광야는 우리 안에 있다

(민수기 11장 1~4절, 10~15절, 13장 30~33절)

1 여호와께서 들으시기에 백성이 악한 말로 원망하매 여호와께서 들으시고 진노하사 여호와의 불을 그들 중에 붙여서 진영 끝을 사르게 하시매 2 백성이 모세에게 부르짖으므로 모세가 여호와께 기도하니 불이 꺼졌더라 3 그 곳 이름을 다베라라 불렀으니 이는 여호와의 불이 그들 중에 붙은 까닭이었더라 4 그들 중에 섞여 사는 다른 인종들이 탐욕을 품으매 이스라엘 자손도 다시 울며 이르되 누가 우리에게 고기를 주어 먹게 하랴(민수기 11장 1~4절)

10 백성의 온 종족들이 각기 자기 장막 문에서 우는 것을 모세가 들으니라 이러므로 여호와의 진노가 심히 크고 모세도 기뻐하지 아니하여 11 모세가 여호와께 여짜오되 어찌하여 주께서 종을 괴롭게 하시나이까 어찌하여 내게 주의 목전에서 은혜를 입게 아니하시고 이 모든 백성을 내게 맡기사 내가 그 짐을 지게 하시나이

까 12 이 모든 백성을 내가 배었나이까 내가 그들을 낳았나이까 어찌 주께서 내게 양육하는 아버지가 젖 먹는 아이를 품듯 그들을 품에 품고 주께서 그들의 열조에게 맹세하신 땅으로 가라 하시나이까 13 이 모든 백성에게 줄 고기를 내가 어디서 얻으리이까 그들이 나를 향하여 울며 이르되 우리에게 고기를 주어 먹게 하라 하온즉 14 책임이 심히 중하여 나 혼자는 이 모든 백성을 감당할 수 없나이다 15 주께서 내게 이같이 행하실진대 구하옵나니 내게 은혜를 베푸사 즉시 나를 죽여 내가 고난 당함을 내가 보지 않게 하옵소서(민수기 11장 10~15절)

30 갈렙이 모세 앞에서 백성을 조용하게 하고 이르되 우리가 곧 올라가서 그 땅을 취하자 능히 이기리라 하나 31 그와 함께 올라갔던 사람들은 이르되 우리는 능히 올라가서 그 백성을 치지 못하리라 그들은 우리보다 강하니라 하고 32 이스라엘 자손 앞에서 그 정탐한 땅을 악평하여 이르되 우리가 두루 다니며 정탐한 땅은 그 거주민을 삼키는 땅이요 거기서 본 모든 백성은 신장이 장대한 자들이며 33 거기서 네피림 후손인 아낙 자손의 거인들을 보았나니 우리는 스스로 보기에도 메뚜기 같으니 그들이 보기에도 그와 같았을 것이니라(민수기 13장 30~33절)

광야에서 만나는 장애물

오늘날에는 여행이 참 편리해진 덕에 자주 여행을 가게 된다. 그래도 여전히 다른 나라로 여행을 갈 때에는 넘어야 할 장애물들이 많다. 기후라는 장애물도 있고, 언어나 관습과 같은 문화적 장애물도 빼놓을 수 없다. 특히 중국이나 동남아로 여행할 때는 음식 때문에 어려움을 겪었다는 이야기를 자주 듣는다.

출애굽한 이스라엘 백성은 군대 조직과 제사장 조직을 갖추고 시내산 앞에서 유월절을 지킨 뒤에 가나안을 향하여 출발했다. 그런데 그들이 약속의 땅으로 가기 위해서는 반드시 광야를 거쳐야만 했다. 오늘날처럼 여행이 편리한 시대에도 넘어야 할 장애물들이 많은데, 하물며 그 당시 광야를 여행해야 했던 이스라엘 백성들은 넘어야 할 것들이 얼마나 많았을까?

이스라엘 백성이 직면한 가장 큰 장애물들로는 먼저 부족한 물과 넉넉하지 않은 식량, 그리고 편치 않은 잠자리 등이 있었을 것이다. 과연 그들이 이런 쉽지 않은 장애물들을 뚫고 가나안에 들어갈 수 있었을까? 아쉽게도 출애굽한 첫 세대는 그렇게 하지 못했다. 그들은 장애물을 넘지 못했다. 목표지점 바로 앞까지 도달하기는 했지만, 결국 들어가지는 못했다. 그들이 넘지 못한 장애물은 무엇이었을까? 왜 그들은 그 장애물을 극복하지 못했을까?

오늘날 우리 역시도 인생이라는 광야를 통과하면서 많은 장애물들을 만나게 된다. 어떤 사람은 그 장애물들 때문에 인생길을 중도에 포기하기도 한다. 그러면 우리에게는 어떤 것들이 가장 넘기 힘든 장애물일까? 어떻게 해야 그것들을 넘을 수 있을까? 오래전 광야의 길을 걸었던 이스라엘 백성의 이야기가 우리에게 큰 도움이 될 것이다.

그들 속에 있는 광야

이스라엘 백성이 비록 노예로 살았지만, 그래도 애굽 땅은 삶을 위한 기본적인 요소들을 갖추고 있는 곳이었다. 하지만 광야는 그렇지 않았다. 광활한 광야에서 오직 만나에 의지하여 천막을 치고 걸으며 이동하는 것은 엄청나게 힘든 일일 수밖에 없었다. 이런 어려움은 자연스럽게 사람들에게서 불평을 자아내기 마련이었다.

아니나 다를까, 광야를 통과하던 이스라엘 백성이 광야 생활의 어려움을 강하게 불평하기 시작했다. 말끝마다 불만이 달려 있었을 것이다. 사기가 충만해도 지나기 쉽지 않았을 길을 불평을 하면서 가게 되니, 그 길이 더 힘들 수밖에 없게 되었다. 자연히 몸도 마음도 함께 지치면서 불평하는 소리가 더 커지는 악순환이 계속되었다. 그들의 불평은 점점 도를 지나쳐 마침내 악한 말로 하나님을 원망하기까지 이르렀다. 그러자 하나님께서는 경고하시기 위해 그들이 머무는 진영의 끝에 하나님의 불을 내리셨다.

우리 모두는 삶을 어렵게 하는 조건들을 적어도 하나쯤은 다 가지고 있다. 그러나 이런 어려움을 어떻게 보느냐에 따라 그것에 대한 반응도 달라진다. 어떤 사람은 삶에 있는 어려움이 '이곳을 천국으로 착각하지 않게 해 주는 역할을 한다'고 말하면서 하나님 나라에 대한 소망을 더 굳건히 붙들기도 한다. 하지만 어떤 사람은 아주 작은 어려움에도 불평을 그치지 않는다. 일단 불평하기 시작하면 계속해서 그 불평이 또 다른 불평을 낳고, 결국 사소한 어려움도 견디지 못하게 된다.

또한 불평은 삶에서 좋고 감사한 것들을 보지 못하도록 우리의 눈을 어둡게 만들기도 한다. 자신이 순례자임을 잊게 하고, 그래서 지금 서 있는 광야를 단지 '거쳐 가야 할 곳'이 아닌 '영원히 머물 곳'으로 착각하게 만든다. 그래서 불평하는 것은 자기 길에 스스로 돌멩이를 놓는 격이다. 또한 자신이 메고 있는 배낭에 돌멩이를 집어넣는 것과도 같다. 불평은 내면을 광야처럼 만들어 인생 광야에서 마주친 어려움을 참을 수 없이 더 무거운 짐으로 만든다. 하나님께서는 삶이 계속되는 여행임을 망각한 채 쏟아 놓는 그런 불평들을 기뻐하지 않으신다.

정신적 바이러스

하나님의 경고로 다시 정신을 차리게 된 이스라엘 백성은 대오를 갖추어 행진을 계속했다. 그러다 한 장소에 머물러 식사를 하게 되었는데, 그때 함께 가나안 순례에 참여한 이방인 무리들 속에서 다시 불평하는 말들이 흘러나오기 시작했다. 진영의 한 구석에서 나온 반찬 타령은 순식간에 온 이스라엘 백성들 사이로 퍼져나갔다. "누가 우리에게 고기를 주어 먹게 하랴 우리가 애굽에 있을 때에는 값없이 생선과 오이와 참외와 부추와 파와 마늘들을 먹은 것이 생각나거늘"11장 4, 5절

급기야 온 가정에서 우는 소리가 들리기 시작했다. "백성의 온 종족들이 각기 자기 장막 문에서 우는 것을 모세가 들으니라"11장 10절 병균이나 컴퓨터 바이러스만이 급속히 전파되는 것이 아니다. 정신적 바이러스도 강력한 전염성을 가지고 전파된다. 한 무리에서 나온 불평하는 말이 순식간에 온 백성들에게 퍼져 원망스러운 울음소리가 터져 나오게 한 것이다.

그들은 애굽의 노예 신분에서 벗어나 자유민이 된 사람들이었다. 신분이 곧 운명이던 그 시대에 그것은 정말로 놀라운 변화였다. 뿐만 아니라 그들은 약속의 땅인 가나안을 향해 길을 가던 사람들이었다. 그들에게 내일의 희망이 있었다는 뜻이다. 이미 겪은 신분의 변화와 앞으로 겪을 약속된 미래를 생각하는 것만으로도 충분히 배부를 수 있는 상황이었다. 하지만 그들은 식량이 풍족하지 않은 현재의 형편만 보았을 뿐, 그들의 희망찬 과거와 미래는 보지

못했다. 노예이던 과거로부터 벗어난 사실에 감사하지 못하고 하나님께서 약속하신 미래를 꿈꾸지 못하는 마음이야말로 광야와 같다. 이러한 마음을 한 그들에게는 광야가 견딜 수 없는 곳이 되고 말았다.

무너지는 지도자

백성들의 불평과 울음소리가 지도자 모세에게까지 들려왔다. 그 소리를 들은 모세가 기쁠 리가 없었다 11장 10절. 모세가 하나님께 나아가 기도하는데, 그의 상한 마음이 기도 속에서 여실히 드러난다. "모세가 여호와께 여짜오되 어찌하여 주께서 종을 괴롭게 하시나이까 어찌하여 내게 주의 목전에서 은혜를 입게 아니하시고 이 모든 백성을 내게 맡기사 내가 그 짐을 지게 하시나이까" 11장 11절 백성들은 음식 때문에 모세에게 불평을 쏟아냈고, 모세는 그 불평하는 백성들 때문에 하나님께 다시 불평을 토로한 것이다.

백성들은 불평하다가 광야를 행진할 힘을 점점 상실하게 되었다면, 모세는 불평하다가 백성들을 이끌고 갈 자신감을 잃게 되었다. 그는 이렇게 힘없이 읊조린다. "책임이 심히 중하여 나 혼자는 이 모든 백성을 감당할 수 없나이다" 11장 14절 결국 그는 더 나아가 심각한 지경에까지 이른다. "주께서 내게 이같이 행하실진대 구하옵나니 내게 은혜를 베푸사 즉시 나를 죽여 내가 고난 당함을 내가 보지 않게 하옵소서"11장 15절 모세가 이런 생각을 했으리라고 누가 상상할 수 있을까? 그러나 분명 그는 자살 충동을 느끼는 지점에까지 이르렀다. 백성들의 불평과 부정적인 생각이 결국 그들의 영웅적인 지도자까지도 무너뜨리고 말았다.

미국의 시사주간지 〈블룸버그 비즈니스위크Bloomberg Business week〉는 2012년 11월 12일자 잡지의 표지로, 재임에 성공한 버락 오바마 미국 대통령의 4년 후 모습을 상상한 사진을 실었다. 그것은 검은 머리가 백발이 되고 주름살이 깊이 패인 아주 늙은 노인의 모습이었다. 미국이 안고 있는 산적한 문제들을 풀어 가야 할 지도자의 짐이 그만큼 무겁고 힘들다는 의미였다.

지도자의 자리는 책임감으로 어깨가 매우 무거운 자리이다. 좀처럼 그치지 않는 백성들의 불평과 불만은 지도자를 내적으로 탈진시키기 쉽다. 한 나라의 지도자뿐 아니라 한 가정을 이끄는 가장의 자리도 그렇다. 가정에 대한 책임은 물론이고, 직장에서 받는 스트레스가 늘 무겁게 어깨를 짓누른다. 이런 가장의 마음은 작은 말 한마디에 쉽게 무너질 수 있다. 그런가 하면 작은 위로 한마디에 엄청난 힘을 얻을 수도 있다.

정탐꾼의 보고

무리들 사이에서 음식에 대한 불만이 터져 나오자, 지도자 모세는 매우 낙담했다. 지도자가 나약한 모습을 보이면 주위에서 그의 지도력에 흠집을 내고 권위를 약화시키려는 무리들이 일어나는 법이다. 아니나 다를까, 모세의 혈육들이며 함께 이스라엘 백성들을 지도하던 아론과 미리암이 모세의 권위에 대해 불만을 제기했다12장 1절. 이들은 평소에 시기심을 품고 있다가 이 기회를 틈타 모세의 권위에 도전한 것이다. 다행히 이 상황에 하나님께서 개입하셔서 모세의 지도력을 보호해 주셨지만, 이 일로 모세의 지도력과 이스라엘의 공동체성은 큰 타격을 입게 되었다.

이런 일들을 겪은 후 마침내 이스라엘 백성은 약속의 땅이 내다보이는 가데스바네아에 도착했다. 모세는 그곳에서 열두 지파의 지도자들을 정탐꾼으로 세워 가나안 지역을 정탐하게 했다. 얼마 후 이들이 정탐을 마치고 돌아와서 그 결과를 보고하는데, 그들 중 여호수아와 갈렙은 가나안 땅이 실로 하나님의 약속대로 젖과 꿀이 흐르는 비옥한 땅이니, 서둘러 가서 그 땅을 취하자고 말했다. 그러나 그에 반해 나머지 열 명의 정탐꾼은 이렇게 보고했다.

> 이스라엘 자손 앞에서 그 정탐한 땅을 악평하여 이르되 우리가 두루 다니며 정탐한 땅은 그 거주민을 삼키는 땅이요 거기서 본 모든 백성은 신장이 장대한 자들이며 거기서 네피림 후손인 아낙 자손의 거인들

을 보았나니 우리는 스스로 보기에도 메뚜기 같으니 그들이 보기에도 그와 같았을 것이니라(민수기 13장 32, 33절)

그들은 가나안 땅을 '젖과 꿀이 흐르는 땅'이 아니라 '거주민을 삼키는 땅'이라고 말하면서, 하나님께서 주시기로 약속하신 땅을 최악의 땅이라고 악평했다. 뿐만 아니라 자신들을 그 땅 거주민에 비해 '메뚜기'와 같이 약하고 초라한 존재로 비하했다. 그들은 하나님께서 주신 언약과 그분의 백성이라는 신분을 제대로 알지 못했다.

좋은 땅을 악한 땅으로 평가하고, 그 땅의 거민들을 전부 거인이라고 말하면서 자신들은 모두 그에 비하면 메뚜기에 불과하다고 말하는 것은 분명 과장이고 왜곡이다. 이러한 생각은 대체 어디에서 생겨난 것일까? 그것은 현실을 바라보는 그들의 시각에서 비롯된 것이다. 즉 이들이 갖고 있는 '불신앙'의 시각이 현실을 왜곡하여 보도록 만든 것이다.

결국 그들이 가는 길에는 가나안 땅의 성읍과 원주민이라는 외적인 장애물도 있었지만, 그보다 더 큰 장애물이 있었다. 그 땅과 원주민을 바라보는 그들의 잘못된 시각이 더 문제였던 것이다. 이렇듯 불신앙의 안목이라는 그들 속의 장애물을 해결하지 않고서는, 그들은 어떠한 외적인 장애물도 결코 통과할 수 없었다.

열 명의 정탐꾼으로부터 과장되고 왜곡된 불신앙의 보고를 들은 백성들은 즉각 반응했다. 정탐꾼들의 보고가 백성들 내면의 광야를 더욱 자극함으로써, 백성들의 상상이 점점 더 나쁜 쪽으로 확대되게 한 것이다. 백성들의 상상은 이러한 과정들을 거쳤을 것이다. '곧 가나안의 땅이 거민을 삼키는 땅이라면, 가장 좋은 것을 주시겠다고 약속하신 하나님께서 사실 가장 나쁜 것을 우리에게 주신 것이다. 그렇다면 우리는 하나님께 속아서 애굽을 나온 것이다. 또 하나님께서는 그 땅 거민들이 모두 거인들이어서 그 땅을 정복할 수 없음을 아시면서도 우리를 그곳으로 인도하셨다. 그렇다면 하나님께서는 우리를 살리기 위해서가 아니라 죽이려고 애굽에서 데리고 나오신 것이다.' 결국 그들은 하나님께 속았다고 생각하기에 이르렀다. "어찌하여 여호와가 우리를 그 땅으로 인도하여 칼에 쓰러지게 하려 하는가 우리 처자가 사로잡히리니 애굽으로 돌아가는 것이 낫지 아니하랴" 14장 3절

이스라엘 백성들은 실제 현실 때문이 아니라, 스스로 불신앙과 어리석음으로 재구성한 가상의 현실 때문에 밤새도록 통곡했다. 현실에 대한 부정적인 상상은 저절로 점점 더 확대되는 경향이 있는 법이다. 그래서 부정적인 상상이 만든 가상의 세계에 한번 발을 담그게 되면 문제가 정말로 점점 더 심각하게 보이게 되어, 그 의식의 늪에서부터 빠져나오기가 더 힘들어진다. 현실이 더 어둡게 보

이고, 염려가 더 깊어지고, 현실을 더욱 절망적으로 생각하게 되는 악순환을 거듭한다.

> 온 회중이 소리를 높여 부르짖으며 백성이 밤새도록 통곡하였더라 이스라엘 자손이 다 모세와 아론을 원망하며 온 회중이 그들에게 이르되 우리가 애굽 땅에서 죽었거나 이 광야에서 죽었으면 좋았을 것을(민수기 14장 1, 2절)

그들은 하나님의 인도를 따라나선 것을 후회할 정도로 절망의 악순환에 빠져들었다. 결국 그들은 자기 입으로 말한 대로 아무도 가나안 땅에 들어가지 못하게 되고 만다.

그들 안의 광야

시내산 앞을 힘차게 출발했던 이들은 결국 광야를 통과하지 못하고 말았다. 무엇이 이들을 실패하게 만들었을까? 어떤 장애물이 가나안 땅을 향한 그들의 여정을 가로막은 것일까?

그들 앞에는 광야에서 겪기 마련인 어려운 생활이라는 장애물도 있었고, 가나안 땅의 성읍과 거민들의 위협이라는 장애물도 있었지만, 결국 그들을 좌절시킨 것은 그들의 내면에 놓인 장애물이었다. 잠시의 어려움도 견디기 싫어하는 마음, 내일의 소망을 바라보지 못하는 마음, 하나님의 약속을 믿지 못하는 마음들이었다. 이런 것들이 사실상 더 큰 장애물이었다. 광야는 그들 안에 있었고, 그들 안의 광야가 그들 밖의 광야를 견딜 수 없는 곳으로 만들었다.

그들 내면의 광야는 목초지를 집어삼키는 사막처럼 점점 더 확장되어 결국 그들을 집어삼키고 말았다. 처음에는 단지 먹고 마시는 것에 대한 불평11장 4~10절이었던 것이 점차 모세의 권위에 대한 도전16장 1~35절으로 번졌다. 이어서 약속의 땅에 대한 지도자들의 부정적 평가로 자라나더니, 결국에는 모든 백성이 애굽으로 돌아가는 것이 더 낫겠다며 포기하는 지경에 이르게 되었다. 백성들의 불평이 지도자들의 불평이 되더니, 마침내 이 모든 불평이 하나님을 향한 것이 되고 말았다.

그들 내면의 광야가 밖으로 표출되었다가 안으로 심화되고 다시 밖으로 확대 재생산되면서, 결국 그들의 인생 전체가 광야가 되고 말았다. 사십 년간 광야에서 방황한 것이 그들 인생의 전부가 되었다. 안타깝지만 이것이 출애굽 첫 세대의 역사요 현실이었다.

광야는 우리 속에도 있다

이스라엘 백성의 광야 이야기와 비슷한 것이 지금 우리의 이야기 속에는 없을까? 우리 또한 인생이라는 광야의 길을 걸으면서 수

많은 장애물들을 만나게 된다. 이런 장애물들을 우리도 역시 어렵게 느끼고 또 불평한다. 자주 장애물들이 만들어 내는 삶의 조건들을 악평한다. 광야와 같은 조건들 때문에 우리의 삶이 광야일 수밖에 없다고 괴로워한다. 그런데 정말로 그런 외적인 조건들이 우리의 삶을 광야로 만드는 것일까? 우리의 삶에 주어진 축복을 발견치 못하는 황량한 어리석음과 불신앙이, 우리의 삶을 정말로 광야로 만드는 것은 아닐까?

온 국민이 인생을 광야처럼 느끼며 살아가는 오늘날 우리나라의 상황을 보면, 어쩌다 이런 상황에 이르게 된 것일까 싶다. 분명 외적인 장애물들이 인생을 광야로 만드는 중요한 원인이 된다. 세계적인 불황, 불평등의 심화, 북한 문제, 미국, 중국, 일본과의 복잡한 외교적인 관계 등, 실제로 수많은 외적인 장애물들이 우리 앞에 놓여 있다.

그러나 우리의 삶을 더욱 견딜 수 없는 황량한 광야로 만드는 것은, 오히려 우리들 속에 있는 욕망으로부터 자라난 부정과 부패, 부정직, 배타주의와 이기주의, 지역주의, 그릇된 이념 등과 같은 내면의 광야다. 이 같은 내면의 광야를 발견하여 통과하지 않고서는 결코 인생의 광야를 벗어날 수 없다.

내 안의 광야

인생이라는 길을 걸을 때 사람들은 종종 이런 질문을 던진다. "왜 나에게 이런 광야를 걷게 하시는 걸까?" "왜 여기에 이런 광야가 있는 걸까?" 그러나 광야와 같은 삶의 외적인 조건에만 집착하면 문제가 잘 해결되지 않는다. 더군다나 조건에 대해 늘 원망조로 질문을 던지는 것은 광야를 통과하기 더 힘들게 만든다. 한편 어떤 사람들은 이렇게 질문한다. "언제 이 광야의 길이 끝나는 걸까?" 많은 사람들이 '언제 끝날까?'라고 질문하기만 한다. 그러면서 그 자리에 주저앉아서는 광야의 길이 끝나지 않고 있음을 한탄하기만 한다. 하지만 이런 태도는 그의 삶을 끝없이 황량하게 만들 뿐이다.

우리가 던져야 할 적절한 질문은 '왜?' 또는 '언제?'가 아니라 '무엇을?'이다. "지금 이 상황에서 나는 무엇을 해야 하는가?", "나는 지금 여기서 무엇을 할 수 있는가?"라고 물어야 한다. 이런 식으로 질문을 해야 광야의 길에서 한 발짝이라도 더 나아갈 수 있다. 그래야 잘못된 운명의식과 피해의식, 불평의 손아귀에서 벗어날 수 있고, 삶의 상황을 과장하거나 왜곡하지 않고 있는 그대로 보게 된다. 이렇게 질문을 하고 거기서 발견한 대답을 실행하다 보면, 어느 순간 우리는 광야의 길에서 벗어나 있게 된다.

여기서 우리가 던져야 할 무엇보다도 중요한 질문이 한 가지 더 있는데, 그것은 '누구?'라는 질문이다. 곧 "나는 이 광야에서 누구를 만나야 하는가?"라는 질문이다. 광야를 지나면서 우리는 여러 사람들을 만나게 된다. 그러면서 그들과 동행하며 광야를 좀 더 수월하게 나아가기도 하고, 반대로 갈등을 겪으며 더 황량해진 광야를 경험하게도 된다. 하지만 누구보다도 우리가 꼭 만나야만 하는 대상이 있다.

그것은 바로 나다. 광야를 걷고 있는 나다. 광야를 걷고 있는 나를 만나야 '내 안의 광야'를 볼 수 있다. '내 안의 광야'를 본다는 것은 내 안의 불평, 내 안의 불만, 내 안의 조급함, 내 안의 황량함, 내 안의 시기, 내 안의 욕구, 내 안의 불안, 내 안의 불신앙을 직시하는 것이다. 내 안의 광야를 봐야만 참된 나를 알 수 있다. 포장된 내가 아니라, 적나라하게 드러난 나를 봐야 한다. 내 안의 광야가 내 삶을 더 황량한 광야로 만든다. 내 안의 광야를 건너지 못하면 나의 삶도 여전히 광야에 머물러 있게 될 것이다.

힐링

이스라엘 백성은 애굽의 억압을 피해서 떠났다. 그들은 애굽을 벗어나기만 하면 곧바로 억압받고 착취당하던 인생의 광야를 벗어나리라고 생각했다. 그러나 애굽을 벗어났음에도 그들의 삶은 여전히 광야였다. 그들 속에 남은 애굽, 즉 그들 내면의 광야가 애굽 밖에서도 그들로 하여금 여전히 광야를 살게 했기 때문이다.

힐링을 표방하는 TV프로그램이 여전히 인기이다. 사람들마다 그 속에 가슴 시린 사연들, 시퍼렇게 멍이 맺힌 사연들이 없는 사람들이 없다. 누구 때문에, 무엇 때문에 그들이 그렇게 되었다고 울면서 이야기를 쏟아낸다. 무뚝뚝한 남편 때문에, 말 안 듣는 아들 때문에 그들 삶이 불행해졌다고 토로한다. 그런데 이야기하다 보니 '그들' 때문이 아니라, '그들 때문이라고 생각하는 자신의 마음' 때문에 자신이 행복하지 못했음을 깨닫게 되는 경우가 종종 있다. 바로 그 순간에 힐링이 일어나는 것을 본다.

자기 내면의 광야를 발견하지 못하면 광야의 삶은 결코 끝나지 않는다. 그러나 광야 같은 인생을 살더라도 자신 안의 광야를 발견하면, 비로소 광야의 끝이 보이기 시작한다. 삶을 광야로 만드는 것은 다른 무엇이 아니라 바로 자신 안의 광야이기 때문이다. 그러므로 우리는 내 안의 광야가 무엇인지, 어떤 습관, 어떤 태도가 내 삶을 광야로 만드는지를 발견해야 한다.

마음의 광야에 믿음의 나무를 심다

만일 내 안의 광야를 발견했다면, 그 다음에 해야 할 일은 무엇일까? 그것은 내 안의 광야가 더 이상 확대되지 않도록 하는 것이다. 외면의 광야는 금방 확장되지 않지만, 내면의 광야는 금방 넓어지기 때문이다. 작은 불만, 작은 불평이라도 금방 온 마음을 순식간에 사막화시키고 삶에 부정적인 영향을 미치기 때문이다.

어느 날 아내나 남편이 동창회에 갔다 왔다고 가정해 보자. 그는 잘나간다는 친구를 보고 불편해진 마음을 안고 집에 들어왔다. 그 콧대 높은 동창 때문에 마음속의 시기심이 발동한 것이다. 집에 들어오자마자 눈에 들어온 배우자가 그날따라 변변찮게 보였다. 그래서 별것도 아닌 일로 핀잔을 주었다. 그러니 배우자는 "당신, 오늘 따라 왜 그래요?"하고 역정을 내게 되었고, 다음날까지 기분이 상한 채로 직장에 출근했다. 기분이 상한 채로 일을 하다 보니 직장에서도 별것도 아닌 일로도 짜증을 내다가, 그만 상사의 눈 밖에 나고 말았다. 그래서 저녁에 집에 바로 들어가지 않고 포장마차에 들렀다. 물론 집에서 기다리던 배우자 입장에서는 불평거리가 하나 더 추가된 것이다. 이처럼 자기 내면에 있는 작은 광야를 빨리 건너지 못했다가, 순식간에 자기뿐만이 아니라 주변 사람의 삶까지 광야로 만들어 버리는 것이다.

우리는 우리 삶에서 광야가 더 이상 확장되지 않도록 해야 한다. 그렇게 하려면 내 안의 광야에 계속해서 생명의 씨앗을 심어야 한다. 사막에 나무를 심어야 사막이 넓어지지 않는 것처럼, 내 안의 광야에 생명의 씨앗을 심음으로써 황량한 광야가 확장되는 것을 막고, 도리어 생명이 풍성하게 깃드는 긍정적인 나비 효과를 이루도록 해야 한다.

성경 말씀은 이 생명의 씨앗을 '믿음'이라고 가르친다. 무엇보다 내 안의 광야에 '믿음'이라는 씨앗을 심어야 한다. 하나님께서 하신 약속에 대한 믿음의 씨앗을, 감사의 씨앗을 내 마음의 광야에 심어야 한다. 예수님께서는 겨자씨 하나만 한 믿음이 산을 옮긴다고 하셨다. 또한 아주 작은 씨가 자라서 큰 나무가 된다고도 하셨다. 믿음의 씨가 마음의 광야를 푸른 숲으로 만들면 우리의 삶에 펼쳐진 광야도 언젠가 끝나게 된다.

그리고 우리가 심은 믿음의 씨앗이 크게 자라나면, 다른 사람의 광야를 바꾸시는 하나님의 도구가 된다. 하나님께서는 겨자씨 하나만 한 믿음을 다른 사람까지 살리는 큰 은혜로 키우신다. 그러므로 지금 이곳에서 작은 변화를 이루는 작은 날갯짓이 필요하다. 곧 매일 말씀으로부터 믿음의 씨앗을 받아 내 마음의 광야에, 내 마음의 외로움에 심는 일에 힘써야 한다. 그리고 그것이 계속 자라서 열매를 맺도록 기도로 물을 주어야 한다.

분명 인생길의 광야에서 외적인 장애물이 없을 수는 없다. 그러나 그것보다 더 큰 장애물은 바로 우리 안에 있는 광야이기에, 그 광야를 직시하고, 그곳에 말씀에서 얻은 믿음의 씨앗을 심고, 기도로 물을 주어, 그 광야가 푸른 숲이 되도록 해야 한다. 이것이 바로 젖과 꿀이 흐르는 가나안 땅으로 가는 광야의 길에서 해야 할 일이다.

2부

삶을 배우다

Life lessens in the Books of Numbers

다시 일어서기 위해서

민수기 15장 37~41절

37 여호와께서 모세에게 말씀하여 이르시되 38 이스라엘 자손에게 명령하여 대대로 그들의 옷단 귀에 술을 만들고 청색 끈을 그 귀의 술에 더하라 39 이 술은 너희가 보고 여호와의 모든 계명을 기억하여 준행하고 너희를 방종하게 하는 자신의 마음과 눈의 욕심을 따라 음행하지 않게 하기 위함이라 40 그리하여 너희가 내 모든 계명을 기억하고 행하면 너희의 하나님 앞에 거룩하리라 41 나는 여호와 너희 하나님이라 나는 너희의 하나님이 되려고 너희를 애굽 땅에서 인도해 내었느니라 나는 여호와 너희 하나님이니라(민수기 15장 37~41절)

실패한 이후

우리의 삶에서 가장 부담스러운 단어가 있다면 바로 '실패'라는 단어일 것이다. 이 단어는 가급적이면 입에 올리고 싶지도 않은 단어이다. 하지만 이 단어를 사용하지 않고 살아갈 수 있는 사람은 없다. 실패라는 경험이 얼마나 고통스러운지, 이것이 얼마나 우리를 무기력하게 만드는지, 이것이 주는 상실감의 위력이 얼마나 큰지 우리 모두가 잘 안다.

하지만 실패가 가져오는 종국적인 결과는 사람마다 천차만별이다. 실패가 또 다른 실패를 낳다가 결국 인생 전체를 실패하게 만드는 경우가 있는가 하면, 어떤 사람은 실패가 오히려 그를 이전보다 더 강하게 하고 새롭게 하여 마침내 더 큰 성공으로 이끌기도 한다. 또한 어떤 시점에서 성공처럼 보이는 일이 조금 지나면 실패로 드러나는가 하면, 실패처럼 보이는 일이 결국 엄청난 성공을 만들기도 한다. 다니던 직장에서 쫓겨난 것을 계기로 시작한 사업이 크게 성공하는 경우도 있다. 그렇게 보면 사람들은 성공 때문에 실패하기도 하고 실패 때문에 성공하기도 한다. 그래서 성공 속에 실패가 숨어 있고, 실패 속에 성공이 숨어 있다고 말하는 것이다.

따라서 우리는 성공하고 난 그 이후에 더 조심해야 한다. 그래야 작은 성공이 오히려 걸림돌이 되는 일을 피할 수 있기 때문이다. 또한 설령 실패했을 때라도 그 이후를 더 조심해야 한다. 그래야 그 실패가 성공을 위한 디딤돌이 될 수 있기 때문이다.

성경은 이스라엘 백성이 광야에서 실패하는 이야기로 끝나지 않고, 우리로 하여금 그 이후의 이야기에 주목하게 한다. 그들의 이야기는 아주 오래된 이야기이지만, 오늘날 우리 역시도 광야를 걸으면서 성공과 실패를 거듭하게 된다는 점은 마찬가지다. 민수기는 지금 시대를 살아가는 우리의 삶에 아주 구체적으로 적용할 수 있는 오늘날의 이야기이기도 하다.

가데스의 반역과 호르마의 패배

이스라엘 백성은 애굽을 벗어나 홍해를 건너 시내산 앞에 도착했다. 노예였던 그들이 자유를 선물로 받은 것이다. 하나님께서는 그들에게 자유를 주셨을 뿐만 아니라 가나안 땅을 선물로 약속하셨다. 그리고 그들을 시내산 앞에서 잘 준비시켜서, 약속하신 대로 마침내 약속의 땅이 들여다보이는 바로 앞까지 도착하도록 하셨다.

하지만 이스라엘 백성은 그 땅을 정탐하여 살펴본 뒤, 그만 용기를 잃고 그 땅에 들어가기를 포기하고 말았다. 표면적인 이유는 그 땅에 사는 거민의 키가 크고 성읍도 견고하여 결코 이길 수 없다는 부정적인 소식이었다. 하지만 진짜 이유는 그들 속에 자리 잡은 두려움과 불신앙이었다. 눈에 보이는 외적 장애물보다는 그들 안에 있는 내적 장애물에 걸려 넘어진 것이었다. 결국 그들은 "사십 년을 광야에서 방황하는 자가 되리라"라는 진노의 말씀을 듣게 된다 14장 33절. 이 말을 들은 그들은 크게 후회하여, 모세의 만류를 뿌리치고 아말렉인과 가나안인을 공격한다. 하지만 그 결과는 크게 패하여 호르마까지 도망치는 것이었다 14장 45절.

이스라엘 백성은 가나안 땅이라는 선물이 아무런 도전과 노력 없이 그냥 주어지기를 기대했다. 나무 아래 입을 벌리고 누워 있으면 절로 떨어지는 감 정도로만 생각했다. 하지만 하나님의 선물은 결코 그렇게 주어지지 않는다. 가나안 땅은 분명히 그들에게 주어진 선물이지만, 동시에 그들이 힘을 다해 도전하고 쟁취해야 할 목표요 사명이기도 했다. 마치 음악적 재능이 있다고 해서 저절로 나타나는 것이 아니라, 최선을 다해 연습을 해야 빛을 발하게 되는 것과 같다. 이스라엘 백성은 주어진 선물을 얻기 위해 어떠한 노력이나 도전도 하지 않았고, 결국 가나안 입구에서 그 땅을 놓치고 말았다. 애굽을 벗어나 시내산 앞에서 율법을 받고 가나안 땅을 목전에 두었지만, 바로 그 목표 지점 앞에서 돌아서야만 하게 되는 후회스럽고 안타까운 실패의 이야기를 쓰고 말았다.

결국 그들의 광야 순례의 이야기는 실패로 끝나고 만 셈이다. 하지만 이스라엘의 광야 이야기는 그 이후의 이야기로 이어진다. 연극에서 일 막의 내용이 실패로 끝났더라도 종종 그 다음에 더 중요한 이야기가 진행되는 경우가 있고, 우리의 관심 역시 주로 여기에 있다. 민수기도 이스라엘 백성이 왜 실패하게 되었는지를 보여 주지만, 단지 실패에만 머무는 것은 아니다. 그 다음의 이야기를 더 자세히 이어가면서 실패 이후의 이야기에 보다 초점을 맞춘다.

인생이라는 책에 실패하는 이야기를 쓰지 않는 사람은 없다. 그러나 그 실패가 이야기의 결말이 되어 버리는 사람이 있는가 하면, 실패 이후 더 좋은 이야기를 써 가는 사람도 있다. 삶에 실패가 없었으면 좋겠지만, 어차피 그럴 수 없는 것이라면, 중요한 것은 실패 그 다음의 이야기를 어떻게 써 가느냐 하는 것이 된다.

그러므로 우리는 성경이 들려주는 이스라엘 이야기에서 특히 실패 이후의 이야기에 귀를 기울여야 한다. 약속의 땅을 목전에 두고도 불신앙 때문에 들어가지 못한 그들은 그 후에 무엇을 했을까? 하나님의 선물을 거절한 그들의 실패 이후에 하나님께서는 어떻게 이야기를 다시 써 가셨을까?

목표를 다시 보다

가나안 땅에 들어가는 데 실패한 이후의 이야기는 민수기 15장부터 나온다. 이들이 가나안에 들어가지 못하고 광야에서 보낸 시간이 약 사십 년인데, 이때 모세는 몇 가지 중요한 일을 했다. 그중 하나가 율법을 다시 듣는 것이었다.

가나안을 목전에 두고 돌아서게 된 이스라엘 백성에게 하나님께서는 시내산에서 주셨던 율법을 다시 상기시키셨다. 곧 제사와 제물에 관한 율법15장 1~21절, 부지중에 범한 죄와 의도적으로 범한 죄를 처리하는 규정15장 27~31절, 그리고 안식일 율법 등을 다시 가르치셨다. 또한 옷단에 다는 술에 관한 규례들에 대해서도 가르치셨는데, 이는 우리가 가슴에 검은 리본을 달아 고인을 추념하는 것과 비슷하다. 옷에 술을 달고 다님으로써 그 땅에서 지켜야 할 율법을 기억하게 하시려는 것이었다.

그런데 이스라엘 백성이 다시 유념해야만 했던 율법들은, 광야에서가 아니라 가나안 땅에 들어가면 '그 땅에서' 지켜야 할 내용들이었다. 즉 하나님께서는 모세에게 가나안에 들어가지도 못한 이들에게 가나안 땅에 들어가서 지켜야 할 율법을 가르치게 하신 것이다. 대체 그 이유가 무엇이었을까? 광야에서는 제대로 써먹을 수도 없는 율법을 왜 다시 가르치신 것일까? 이것은 다름 아니라, 그들로 하여금 약속의 말씀을 다시 기억하게 하시려는 것이었다. 그들이 실패했던 원인이, 바로 말씀으로 현실을 바라보는 눈을 제대로 갖추지 못한 것이었기 때문이다.

두 가지 회복

율법을 다시 기억하게 하심으로써 하나님께서는 이스라엘 백성이 두 가지를 회복하도록 하셨다. 하나는 그들이 누구인지를 다시 기억하는 것이었다. 그들은 하나님의 율법을 받은 하나님의 백성이었다. 고대 근동 지역의 나라들은 모두 그들 나름의 법이 있었고, 그 법이 그 나라 발전의 수준이기도 했다. 이스라엘은 하나님과 계약된 백성으로 부름을 받고 하나님께로부터 법을 부여받았다.

즉 그들은 하나님께 선택받은 존귀한 백성이었다. 그래서 하나님께서는 그들이 율법을 통해 하나님께 선택받은 백성임을 다시 기억하게 하셨던 것이다.

다른 하나는 앞으로 들어갈 땅에서 지킬 율법을 배움으로써 그 땅을 쟁취하는 꿈과 목표를 다시 회복하는 것이었다. 가나안에 들어가지 못하게 되면서 아예 가나안 정복의 꿈을 잃어버리게 될 수도 있었다. 그래서 하나님께서는 율법을 통해 가나안 정복이라는 목표를 다시 바라보게 하신 것이다.

이와 같이 하나님께서는 실패한 사람들에게서 이 두 가지가 먼저 회복되게 하시고, 그것을 기초로 그 사람을 다시 일어서게 하신다. 이 두 가지가 회복되면 실패의 경험이 오히려 든든한 디딤돌로 변화한다. 가령 어느 목회자에게 목회가 힘들어졌다면, 그는 어떻게 해야 할까? 그가 인간적인 수단에 호소할 수도 있다. 심지어 하나님의 교회에 적합하지 않은 방법들을 동원할 수도 있다. 그러나 그런 식으로는 다시 일어서더라도 목회의 본질을 잃어버리는 것으로서, 그 자체로 이미 실패한 것이다. 그러나 만약 그런 상황을 통해서 그가 목회자란 어떤 존재인지를 다시 깊이 생각하게 되었을 수 있다. 그리고 목회자가 해야 할 일이 무엇인지를 다시 찾게 되고, 그래서 자신을 다시 발견하고 목표를 다시 바라보게 되었을 수도 있다. 그렇게 해서 목회의 기본인 기도와 말씀으로 다시 깊이 들어가게 된다면, 그의 실패가 그에게는 참 목회를 위한 디딤돌이 되는 것이다.

학생이 시험에서 낙방했을 때도 마찬가지이다. 낙방한 후에도 좌절하지 않고 오히려 나는 어떤 사람인가, 내 진짜 적성은 무엇인가 고민하게 될 수 있다. 그래서 내 삶의 진짜 목표가 무엇인지, 내가 정말로 하고 싶은 일이 무엇인지에 대하여 답을 발견하게 된다면, 그에게는 시험에서 떨어진 일이 오히려 훗날의 참된 성공으로 오르는 디딤돌이 될 것이다.

이와 같이 민수기 11장에서 14장에 걸쳐 기록된 이스라엘 민족의 반역과 실패의 이야기는, 하나님과 이스라엘의 관계를 재확인하게 하는 15장의 이야기로 이어진다. 이스라엘 백성은 비록 실패했지만 하나님께서는 율법을 다시 가르치게 하셔서 그들의 정체성과 꿈을 회복하시고, 그 이야기를 기록하여 중요한 교훈으로 삼게 하셨다. 그럼으로써 실패 그 이후의 이야기, 곧 참된 성공 이야기를 써 가도록 하신 것이다.

우리도 한 주간의 삶에서 경험한 실패와 좌절을 끌어안은 채 하나님 앞으로 예배를 드리러 나오는 경우가 많다. 하나님께서 예배시간에 이런 우리에게 오셔서 하시는 일은 무엇일까? 먼저 하나님께서는 우리로 하여금 우리가 누구인지를 다시 생각하게 하신다. 우리가 하나님의 자녀로서 보호 아래 있음을 확신하도록 하신다.

또한 하나님께서는 우리가 지금 추구하고 있는 목표를 두고 다시 고민하도록 하신다. 내가 추구하는 목표가 하나님의 뜻과 같은지 다시 성찰하게 하시는 것이다. 하나님께서는 이렇게 우리 삶의 본질을 점검하고 회복하게 하심으로써, 우리로 하여금 실패 이후에 성공과 회복의 이야기를 새로 써 가게 하신다.

고라의 반역

하나님께서는 모세에게 가나안에 들어가지 못한 이스라엘 백성에게 율법을 다시 가르치라고 명하셨다. 이때 백성들은 가나안에 들어가지 못한 일로 말미암아 사기가 많이 저하되었을 뿐 아니라, 모세와 아론의 지도력 역시 이전보다 현저하게 약해져 있었다. 한 나라의 지도자가 국가적 사업에 실패하면 그의 지도력에 커다란 금이 생기는 법이다. 비록 이스라엘 백성이 가나안에 들어가지 못한 것이 백성들과 중간 지도자들의 잘못 탓이었지만, 그럼에도 불구하고 실패했다는 사실 그 자체로 모세와 아론의 지도력에 큰 타격이 있을 수밖에 없었다.

이와 같이 일종의 권력 누수가 생기면, 언제나 그렇듯이 그때를 노리던 사람들이 정체를 드러내게 된다. 아니나 다를까, 이스라엘의 백성들 중에서 모세와 아론의 지도에 반기를 드는 사람들이 생겨났다. 대표적인 사람이 바로 고라였다. 고라는 성막에서 거룩한 성물을 운반하는 중요한 일을 맡고 있던 레위인이었다. 그런데 그런 그가 무리를 선동해서 사람들 속에 불만을 심어 넣고 사람들을 규합하기 시작했다. 여기에 르우벤 지파의 다단, 아비람, 온 등을 비롯한 이백오십 명의 족장들이 가담했다. 고라는 어느 정도 힘이 모이자 마침내 모세와 아론을 향하여 반기를 들었다. 그가 내세운 명분은 이러했다.

> 그들이 모여서 모세와 아론을 거슬러 그들에게 이르되 너희가 분수에 지나도다 회중이 다 각각 거룩하고 여호와께서도 그들 중에 계시거늘 너희가 어찌하여 여호와의 총회 위에 스스로 높이느냐(민수기 16장 3절)

다시 말해 회중이 다 거룩하고 평등한데 왜 모세와 아론만 지도자로서 권위를 행사하느냐고 항의하는 것이었다. 하지만 사실 모세와 아론은 그들 스스로 지도자가 된 것이 아니었다. 그들이 지도자가 된 것은 하나님께서 그들을 지도자로 세우셨기 때문이었다. 그런데도 고라는 하나님께서 부여하신 그 권위에 도전하고 있는 것이었다.

사실 고라가 이러한 명분을 내세우기는 했지만, 그의 진심은 모세와 아론을 시기하여 자기가 지도자가 되려는 야심이었다. 모세와 아론의 아버지인 아므람과 고라의 아버지인 이스할은 형제간이었으므로출애굽기 6장 18절, 고라는 모세와 아론과 사촌간이었다. 고라 입장에서는 사촌인 모세와 아론만 민족의 지도자가 되고 자기는 아닌 것이 불만스러운 일이었을 것이다. 그러던 차에 모세와 아론의 지도력이 약화되자 이때를 노려 반역을 한 것으로 보인다.

하지만 이 일로 고라는 하나님의 심판을 받게 된다16장 32, 33절. 반면에 아론은 하나님께서 그의 지팡이에 싹이 나게 하시어 그가 하나님께서 인정한 지도자라고 증명해 주심으로써 지도력을 회복하게 되었다. 이로써 이스라엘의 지도력이 혈연이 아니라 하나님께로부터 나온 것임이 다시금 확인되었다.

자기 깊은 속을 보게 하신다

여기서 주목해야 할 것이 하나 있는데, 그것은 바로 반역이 일어난 진원지이다. 이전에도 이스라엘 백성들 사이에서는 계속해서 불평불만이 있어 왔다. 하지만 그 불평불만은 주로 평범한 백성들 사이에서 나온 것이었다. 그런데 이번에는 달랐다. 고라의 반역은 레위인들의 반역이었기 때문이다. 레위인들은 거룩하신 하나님의 성막을 섬기도록 특별히 지정된 이들이었다. 따라서 가장 거룩한 장소에서 거룩한 일을 하는 사람들에게서 반역이 일어난 것이었다.

다른 곳도 아니고 제사장 무리에서 반역이 일어났다는 사실에는 중대한 의미가 있다. 사회 어느 곳에서든 반역이 일어날 수는 있지만 그 영향력이 사회 전체에 미치는 것은 쉬운 일이 아니다. 그러나 지도부 안에서 일어나는 반역의 경우에는 다르다. 모세의 친척이며 그를 도와 백성들을 인도하는 제사장 무리에서 이런 반역이 일어났다. 이것은 이스라엘 공동체 전체를 반역에 물들일 수 있는 일이었다. 또한 하나님께 제사하는 제사장들이 하나님께서 세우신 지도자에게 대적한 아주 절대적인 반역이었다. 반역의 정신이 넓고도 깊이 자리하여 이스라엘의 심각한 타락을 증명했다.

그런데 한편으로 고라의 반역은 실패하지 않았으면 드러나지 않았을 공동체 지도부의 부패를 생생하게 드러내는 사건이기도 했다. 어떤 회사가 어려움에 처했다고 가정하자. 그 회사는 우선 경제적 상황과 같은 여러 외적 조건들에 대해서 자세히 살피고 분석할 것이다. 그런데 조사를 계속하다 보니, 회사가 어렵게 된 요인이 다름이 아니라 회사의 지도부가 부패했기 때문임을 발견하게 되는 경우가 있다. 이러한 부패는 평상시에는 잘 드러나지 않다가 큰 실패를 겪고 나서야 비로소 그 실상을 드러내게 된다. 만약 이때 지도부의 부패라는 문제를 잘 처리하면 그 회사는 다시 회생할 수 있을 것이다.

지금 하나님께서 고라의 반역을 통해 이스라엘 백성들에게 바로 이것을 보여 주신다. 그동안 이스라엘 백성은 자신들이 실패한 이유를 주로 외적 요인들에서 찾으려고만 했을 뿐, 실제로 그들을 실패하게 만든 근원적인 내적 문제들은 여전히 보지 못하고 있었다. 이에 하나님께서는 가장 거룩해야 할 사람들의 권력욕에서 말미암은 반역을 적나라하게 보여 주심으로써, 이스라엘 공동체가 그들의 본질적인 문제를 살피고 회복할 수 있도록 인도하신 것이다.

일본의 기업가인 마쓰시다 고노스케가 이렇게 말한 적이 있다. "한 번 넘어졌을 때 그 원인을 깨닫지 못하면 일곱 번 넘어져도 마찬가지이다. 가능하면 한 번 만에 원인을 깨달을 수 있는 사람이 되어야 한다. 실패를 두려워하기보다는 실패에 대해 진지하지 못한 태도를 두려워해야 한다." 그의 말처럼 실패의 원인을 알아낼 수만 있다면 그것은 결코 실패가 아니다. 오히려 그것은 성공으로 향하는 길에 디딤돌을 하나 더 놓는 것일 뿐이다. 하지만 여러 번 실패해도 실패의 깊은 원인을 찾지 못하면, 결국 같은 이유로 계속해서 실패를 반복하게 될 것이다.

실패 그 이후에 우리는 무엇을 어떻게 해야 할까? 원망하고 탄식하기만 할까? 요행이나 운을 탓할까? 아니면 조용히 자신을 살피면서 자신에게 있는 깊은 문제를 발견하는 성찰과 회개의 시간을 가져야 할까? 만약 실패를 통해 자신의 문제를 알게 된다면, 하나님을 섬기지 못하게 만드는 장애물을 발견하게 된다면, 우리는 실패로 오히려 성공의 열쇠를 찾게 된 것이다. 그런 다음 우리는 참된 성공의 이야기를 써 가게 될 것이다.

실패의 자리에서 그리스도를 만나게 하신다

이스라엘 백성은 애굽에 죽음의 재앙이 내리던 가운데서도 하나님께 구원을 받았고, 그래서 시내산 앞에서 머물다 가나안을 향하여 출발하기 전에 유월절을 지켰다. 하지만 그들은 가나안의 입구인 가데스에 도착해서 가나안 땅을 정탐한 후 하나님을 향한 믿음을 버렸다. 이 사건은 사실 가나안 땅의 실상을 보여 준 사건이 아니라, 이스라엘 백성들 내면의 불신앙을 보게 한 사건이었다. 이 사건으로 이스라엘은 그들 자신의 잘못된 생각과 시각을 확인할 수 있었다.

이번에는 레위인인 고라의 반역을 통해서 그들 안에 있는 보다 깊고 어두운 본성까지 들여다보게 되었다. 이스라엘 백성은 제사를 주관하는 레위인들이 일으킨 반역을 경험함으로써, 공동체의 매우 깊숙한 곳에 권력을 탐하는 죄가 있음을 깨닫게 되었다. 그들이 겪은 실패의 참된 원인이 자신들의 연약한 믿음과 악한 욕망임을 알게 되었다.

그러면 이런 상황에서 모세가 한 일은 무엇이었을까? 그는 먼저 하나님의 명령에 따라 붉은 암송아지로 제사를 드린다. 흠이 없고 멍에를 멘 적이 없는 붉은 암송아지를 진 밖에서 태워 그 재를 탄 물을 성막을 향하여 뿌렸다. 붉은 암송아지의 희생에 참여한 사람을 정결하게 하는 의식을 행한 것이다. 이것은 마치 애굽에서 마지막 재앙의 날에 어린양의 피를 문설주에 바른 것과 비슷하다. 달리 말하자면, 제사로서 유월절을 지킨 것이다.

공동체 내부의 깊숙한 곳에 문제가 있었던 이스라엘 공동체를 위하여 붉은 암송아지를 제물로 드린 일에서 우리는 그리스도를 떠올려야 한다. 그리스도께서는 골고다 언덕에서 보혈, 그 생명의 물을 흘리심으로써 죄인들을 대속하셨다. 그 보혈로 우리를 정결케 하고, 우리 속의 깊은 문제와 죄까지 깨끗하게 하셨다. 붉은 암송아지의 희생이 바로 그 일을 예표하고 있는 것이다.

이처럼 우리는 비록 실패하는 순간을 맞았다 하더라도, 그 실패를 통해서 우리 자신의 진짜 모습을 대면해야 한다. 나아가 실패한 우리를 용서하시고 여전히 사랑하시며 붙들어 주시는 주님을 만나야 한다. 주님을 만나면 실패는 더 이상 실패가 아니다. 실패는 다시 일어나게 하시는 그리스도를 만나는 자리이고, 그리스도를 따라서 함께 성공으로 향하는 참된 디딤돌이다.

실패 그 다음의 이야기

누구나 살다 보면 실패하는 순간을 만난다. 중요한 것은 그 실패에 어떻게 반응하느냐는 것이다. 한 번의 실패 때문에 또 다른 실패를 만들고, 심지어 인생 전체를 실패하게 만드는 안타까운 경우도 있다. 하지만 실패에 바르게 반응한다면, 실패가 참된 성공을 위해 필요한 디딤돌이 되는 소중한 경험이 될 수 있다.

인간의 행동을 이해하기 위한 틀로서 'ABC 모형'이라는 것이 있다. 여기서 A는 '역경Adversity'을 뜻하는 것으로, 우리에게 다가오는 모든 종류의 어려움을 말한다. 곧 실직, 이별, 사랑하는 이의 죽음 등과 같은 커다란 역경은 물론, 마감 시한 위반, 친구와의 말다툼, 지각 등과 같은 작은 역경도 포함한다.

이렇게 우리에게 찾아온 역경들은 반드시 어떤 형태로든 결과를 낳는다. 감정적으로 좌절하는 결과를 만들기도 하고, 어떤 행동을 하게 만들기도 한다. 실직을 당했을 때 참을 수 없는 배신감과 절망감에 시달려 잠을 이루지 못하는 경우를 예로 들 수 있다. ABC 모형에서 C가 이러한 '결과Consequence'를 뜻한다.

겉보기에는 이 세상이 원인과 결과, 즉 A와 C의 관계로만 작동하는 것 같아 보인다. 하지만 그렇지 않다. 다가온 역경A에 내가 어떻게 대응하느냐, 어떤 믿음을 가지고 반응하느냐에 따라 결과C가 달라진다. 이와 같이 내가 환경에 대하여 취하는 태도와 마음가짐을 '믿음Belief'이라고 한다. 곧 ABC 모형에서 B에 해당되는 것이다. 어떤 특정한 상황에서 우리로 하여금 어떤 감정을 느낄지, 어떤 행동을 할지를 믿음이 결정한다. 동일한 역경A을 만나도 믿음B이 어떠한가에 따라서 결과C가 달라진다. 믿는 바에 따라 실패 이후의 이야기가 전혀 다르게 펼쳐진다.

하나님께서는 문제와 역경 앞에서 실패한 이스라엘 백성들의 믿음을 새롭게 하셨다. 실패 앞에서 절망하기보다 오히려 그 실패를 통해 그들이 누구인지를 다시 발견하게 하셨다. 그들에게 주어진 목표를 다시 보게 하시고, 그들 안에 깊숙이 자리한 죄를 제거하도록 하셨다. 이렇게 믿음이 새롭게 될 때, 실패는 더 이상 또 다른 실패를 낳게 하는 걸림돌이 아니다. 오히려 참된 성공을 이루는 디딤돌이 된다. 그러므로 역경을 만날 때마다 우리가 가장 먼저 해야 할 일은 우리의 믿음을 점검하고 새롭게 하는 일이다. 실패가 전혀 없는 인생보다는 오히려 실패했기 때문에 그 이후의 이야기가 더 빛나는 삶이 되어야 한다. 믿음 있는 인생이 되어야 한다.

은혜로 산다
민수기 20장 10~13절, 23장 18~26절

10 모세와 아론이 회중을 그 반석 앞에 모으고 모세가 그들에게 이르되 반역한 너희여 들으라 우리가 너희를 위하여 이 반석에서 물을 내랴 하고 11 모세가 그의 손을 들어 그의 지팡이로 반석을 두 번 치니 물이 많이 솟아나오므로 회중과 그들의 짐승이 마시니라 12 여호와께서 모세와 아론에게 이르시되 너희가 나를 믿지 아니하고 이스라엘 자손의 목전에서 내 거룩함을 나타내지 아니한 고로 너희는 이 회중을 내가 그들에게 준 땅으로 인도하여 들이지 못하리라 하시니라 13 이스라엘 자손이 여호와와 다투었으므로 이를 므리바 물이라 하니라 여호와께서 그들 중에서 그 거룩함을 나타내셨더라 (민수기 20장 10~13절)

18 발람이 예언하여 이르기를 발락이여 일어나 들을지어다 십볼의 아들이여 내게 자세히 들으라 19 하나님은 사람이 아니시니 거짓말을 하지 않으시고 인생이 아니시니 후회가 없으시도다 어

찌 그 말씀하신 바를 행하지 않으시며 하신 말씀을 실행하지 않으시랴 20 내가 축복할 것을 받았으니 그가 주신 복을 내가 돌이키지 않으리라 21 야곱의 허물을 보지 아니하시며 이스라엘의 반역을 보지 아니하시는도다 여호와 그들의 하나님이 그들과 함께 계시니 왕을 부르는 소리가 그 중에 있도다 22 하나님이 그들을 애굽에서 인도하여 내셨으니 그의 힘이 들소와 같도다 23 야곱을 해할 점술이 없고 이스라엘을 해할 복술이 없도다 이 때에 야곱과 이스라엘에 대하여 논할진대 하나님께서 행하신 일이 어찌 그리 크냐 하리로다 24 이 백성이 암사자 같이 일어나고 수사자 같이 일어나서 움킨 것을 먹으며 죽인 피를 마시기 전에는 눕지 아니하리로다 25 발락이 발람에게 이르되 그들을 저주하지도 말고 축복하지도 말라 26 발람이 발락에게 대답하여 이르되 내가 당신에게 말하여 이르기를 여호와께서 말씀하신 것은 내가 그대로 하지 않을 수 없다고 하지 아니하더이까(민수기 23장 18~26절)

삶은 이야기다

삶은 이야기이다. 그러기에 사람의 수만큼 다양한 삶의 이야기들이 있고, 그 다양한 이야기들 속에 기쁨과 슬픔, 갈등과 해결, 성공과 실패들이 담겨 있다. 그리고 이 같은 이야기들을 들으면서 우리는 자신의 이야기의 메아리를 듣게 된다.

삶은 마치 씨줄과 날줄이 서로 교차하면서 만들어 내는 옷감과도 같이 두 가지 요소로 구성되는 이야기라고들 한다. 그 요소 중 하나는 그 사람의 외적 환경이다. 그리고 또 하나의 요소는 환경에 대한 그 사람의 내적 대응이다. 외적 환경을 씨실이라고 하고, 그에 대한 내적 반응을 날실이라고 하자면, 이 실들이 서로 교차하면서 만나는 지점에서 다양한 삶의 이야기가 엮어진다는 말이다. 각 사람이 처한 외적 환경이 고유하고 그것에 대한 내적 반응도 사람마다 다르기 때문에, 삶의 이야기들 또한 그만큼 다양할 수밖에 없다.

그래서 역사적 기록이나 문학을 보면, 늘 외적 환경이라는 씨실과 이에 대응하는 내적 반응이라는 날실의 매듭으로 삶의 이야기들을 풀어 가곤 한다. 그중 어떤 것은 외적 환경에만 강조점을 두면서 삶의 이야기들을 풀어내는 경우가 있다. 즉 어떤 사람이 그렇게 된 것은 그 사람의 외적 환경 때문이라는 것이다. 여기서는 그의 좋은 조건 혹은 나쁜 상황이 그의 이야기를 만든 중심 요인으로 서술된다. 이와 달리 삶의 이야기들을 내적 반응을 중심으로 풀어내는 경우도 있다. 즉 삶을 결정하는 요소를 그 사람의 내적 반응에서 찾아내려는 것이다. 이 경우는 그 한 사람의 이야기를 대부분 개인의 능력과 노력의 결과물이라고 보고, 그것을 개인적인 책임 혹은 공로로만 돌리는 경우가 많다. 하지만 이 경우는 성공한 사람은 영웅으로 칭송받는 반면, 실패한 사람은 보잘것없는 낙오자로 평가받기 쉽다.

말씀이 이야기 속에 담기다

그런데 성경을 보면, 씨실과 날실만으로 설명할 수 없는 어떤 것이 삶의 이야기 속에 작용하고 있음을 발견하게 된다. 외적 환경이라는 씨실과 내적 반응이라는 날실만으로 삶의 이야기를 풀 경우 그것은 삶을 얇은 천 같은 것으로, 아주 평면적인 것으로 만든다. 그런데 씨실과 날실을 각각 X축과 Y축이라고 가정하자. 그리고 그 둘이 만나는 지점에 Z축을 새로 세우게 되면, 삶은 평면이 아니라 입체적 공간이 된다. 사실 우리 삶의 이야기는 또 하나의 축인 Z축을 세워야만 설명할 수 있는 면이 많다. 이때 이 Z축은 환경적 요인이나 인간적 요인이 아닌 신적 요인이다. 외부의 요인이나 내부의 요인과는 다른 '위로부터의 요인'인 것이다. 성경의 용어로 말하자면 '하나님의 섭리', 혹은 '하나님의 은혜'라고 할 수 있다.

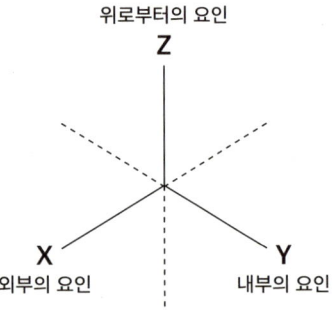

세월이 흐르고 생각이 성숙해질수록 마음 깊이 깨닫게 되는 것이 있다. 우리가 환경적 요인 때문이나 우리의 노력이나 실력 덕분에 지금껏 살아온 것 같지만, 사실은 위로부터의 요인, 즉 하나님의 섭리와 은혜로 살아왔다는 것이다. 비록 우리가 충분히 설명할 수는 없어도, 무엇인가 내가 모르는 것이 있음을 인정하게 된다. 그래서 인생을 돌아보며 '모든 것이 다 은혜였구나!'라고 솔직히 고백하게 될 때가 많다.

그러한 고백은 우리 삶의 이야기 속에 감춰진 실제 주인공이 하나님이심을 깨달은 것이다. 비록 이야기 전면에 드러나는 주인공이 우리 자신이더라도 말이다. 이스라엘 백성의 삶이 담긴 광야의 이야기를 살펴보면서 계속해서 확인하게 되는 것도 이것이다. 이스라엘 민족의 광야의 이야기를 환경적 요인, 인간적 요인만 가지고 기록할 수도 있었을 것이다. 그러나 성경은 이스라엘 백성의 이 이야기가 철저히 하나님의 은혜, 곧 신적 요인으로 말미암아 펼쳐지고 있다는 것을 보여 준다. 우리 역시 우리의 삶을 바라보면서 그렇게 고백할 수 있어야 한다.

실패에도 불구하고

이스라엘 백성은 출애굽한 이후 홍해를 건너 시내산 앞에 도착했고, 군대 조직과 제사장 조직을 갖추어 가나안 땅의 입구에까지 행진했다. 그곳에서 가나안 땅을 정탐했는데, 그 땅에는 높은 성과 강한 적들이라는 외적 환경이 있었다. 이 환경 앞에서 그들은 자신들이 해야 할 싸움을 메뚜기가 거인과 맞서는 것으로 규정하고, 가나안 땅이라는 목표를 포기해 버리는 내적 반응을 보였다. 이것이 그들의 이야기에서 매우 중요한 전환점이 되었다.

모든 결정은 그에 따른 파장을 만들어 내지만, 이 일은 이스라엘 민족의 역사에서 그 무엇보다도 큰 파장을 만들어 냈다. 그 바람에 이스라엘 백성이 이전의 뚜렷한 목표를 잃어버리고 말았기 때문이다. 목표가 사라지게 되자 그들이 해 온 광야 순례의 의미도 역시 달라졌다. 가나안에 들어가지도 못하고, 그렇다고 애굽으로 돌아갈 수도 없는 상황이 되었다. 따라서 이후 그들은 광야를 통과하는 것이 아니라, 말 그대로 광야를 방황하는 것이 되고 말았다.

이와 같이 광야를 방황하게 된 백성들은 마음 역시도 또 하나의 척박한 광야가 되었다. 이렇듯 내면마저도 광야가 되어 버린 백성들은 외부의 상황을 더 힘들게 느끼면서, 더 이상 전진할 수 없는 지경에 이르렀다. 누군가가 그들을 세워 주고 붙들어 주지 않는다면, 희망이라는 삶의 마지막 기회마저 놓치게 될 형편이었다.

이때 하나님께서는 모세를 통해 백성들에게 가나안 땅에서 지킬 율법을 가르치셨다. 그 이유는 동서남북을 가늠할 수 없는 광야와 같은 백성의 마음에 하나님의 약속이라는 북극성을 걸어 두시려는 것이었다. 즉 다시 그들에게 율법을 지키며 살 약속의 땅이라는 목표를 주심으로써, 그들이 잃어버린 방향을 다시 찾아 걸어가도록 하셨다. 만약 이와 같이 하나님께서 개입하지 않으셨다면, 이들은 광야에서 결코 사십 년을 버티지 못했을 것이다. 삶의 X축과 Y축이 만드는 이야기 가운데 하나님의 Z축이 있었기 때문에 그들의 이야기가 계속될 수 있었다.

므리바의 물 사건

세월이 흘러 이스라엘 백성의 광야 생활을 이끌던 중요한 지도자 한 사람이 죽게 되었다. 그는 여성 지도자 미리암이었다. 그렇지 않아도 늘 똑같은 풍경이 반복되는 지루한 광야 생활이었는데, 유력한 지도자마저 세상을 떠나게 되면서 백성들의 마음은 더 흉흉해졌다. 그들은 오랜 광야 생활로 나름 광야에 적응하는 법을 배우기도 했지만, 동시에 광야 생활을 시작한 이후 줄곧 보여 왔던 불평의 습관 또한 점점 더 굳어져 갔다. 그래서 걸핏하면 불평하고 매사를 부정적으로 보는 태도가 하나의 체질이 되어버렸다. 광야라는 외적인 환경을 광야 같은 내적인 마음으로 대하니, 그 어려움과 황량함이 더해지는 것이 아니라 곱해지는 것과 다름이 없었다. 외적 상황이 어려울수록 내면을 잘 다스려야 하는데, 그들은 그렇게 하지 못했다. 오히려 그들 안팎이 점점 더 심한 광야가 되어 갔다.

그러던 어느 날, 백성들이 므리바 지역에 도착했을 때였다. 도착하고 보니 거기에는 물이 없었다. 이에 백성들은 또 다시 불평을 쏟아 내기 시작했는데, 그날은 정도가 이전보다 좀 더 심했다. 그들은 물을 찾아보려고 하지도 않고, 차라리 진작 죽었으면 좋았겠다며 하나님을 향한 원망의 소리만 높였다.

하나님께서는 이 소리를 들으시고, 모세에게 반석에 '명령하여' 물을 내라고 하셨다. 이것을 모세는 감사해야 했다. 하나님께서 불평하는 백성에게 진노하지 않으시고 그들의 원대로 물을 주셨으니 말이다. 평소의 모세라면 그렇게 했을 것이다. 그는 예전에 백성들이 불평하여 하나님의 진노가 임했을 때, "이 백성들을 멸하시려면 차라리 저를 죽이소서"라고 간구했던 사람이었기 때문이다.

그런데 이번에는 모세가 다른 모습을 보였다. 하나님께 "이런 백성에게 왜 물을 먹이십니까?" 하는 태도를 보인 것이다.

> 모세와 아론이 회중을 그 반석 앞에 모으고 모세가 그들에게 이르되 반역한 너희여 들으라 우리가 너희를 위하여 이 반석에서 물을 내랴 하고 모세가 그의 손을 들어 그의 지팡이로 반석을 두 번 치니 물이 많이 솟아나오므로 회중과 그들의 짐승이 마시니라(민수기 20장 10, 11절)

여기서 우리는 그의 마음이 얼마나 상해 있는지를 볼 수 있다. 하나님께서 백성들에게 물을 마시게 하라고 하셨는데도, 모세는 "우리가 너희를 위하여 물을 내랴?"라고 말했다. 이 말 속에는 "너희들의 요구는 들어 줄 가치도 없으며, 너희들은 고생해야 마땅하다!"라는 의미가 깔려 있었다. 이어 나타나는 그의 행동으로 그러한 그의 분노가 그대로 표출되었다. 하나님께서는 단지 "반석을 향하여 명령하라"라고만 하셨는데, 모세는 자신이 들고 있는 지팡이를 높이 들어 바위를 두 번이나 내려친 것이다. 이 같은 그의 말투와 행동에는 백성들을 향한 분노와 미움이 가득 담겨 있었다.

백성들은 물을 마실 수 있었지만, 이 사건 직후 모세와 아론은 하나님께 큰 책망을 받았다. 하나님께서는 두 사람에게 이렇게 말씀하셨다.

> 너희가 나를 믿지 아니하고 이스라엘 자손의 목전에서 내 거룩함을 나타내지 아니한 고로 너희는 이 회중을 내가 그들에게 준 땅으로 인도하여 들이지 못하리라(민수기 20장 12절)

그런 마음으로는 백성들을 가나안 땅에서 인도하는 지도자가 될 수 없다는 말씀이었다. 이 사건은 참으로 상징적인 사건으로서,

하나님께서는 지도자의 마음이 선한 목자의 심정이 되지 않으면 결코 양과 같은 백성들을 초장으로 인도할 수 없음을 보여 주셨다. 이 사건이 있은 후 이스라엘은 에돔이 길을 내 주지 않음으로 말미암아 먼 길을 돌아갈 수밖에 없게 된다. 그리고 이어서 아론이 세상을 떠남으로써 하나님의 말씀이 이루어진다. 아론이 죽자 온 이스라엘 회중이 삼십 일 동안 애곡하였다.

바닥을 치다

백성은 백성대로 지도자인 모세를 무시하고, 지도자 모세도 그런 백성에 대한 사랑이 무너진 것이 지금 이스라엘의 형국이었다. 그래서 그만큼 공동체의 힘 또한 약해질 수밖에 없었다. 이런 틈을 타서 주변국 아랏이 이스라엘을 공격하여 백성들 일부를 포로로 잡아갔다. 내적으로 약해지니 외부의 작은 공격에도 쉽게 무너진 것이다.

만일 한 번 더 공격을 받아 패하게 된다면 이스라엘은 영영 다시 일어설 수 없게 될 상황이었다. 광야 생활 내내 하나님께 불평하기만 했던 백성들이었지만, 이런 위기에 직면하게 되자 모처럼 다시 하나님께 기도를 드렸다. "도와주십시오! 이번만 이기게 해주시면 우리가 충성하겠습니다!" 이것은 어려운 외적 상황에 내적으로 바르게 반응한 것이었다. 때문에 하나님께서 이 기도에 응답하셨고, 그들은 전쟁에서 이기게 되었다. 광야 생활 사십 년 가운데 모처럼 얻은 승리였다.

그들이 싸워 이긴 곳은 '호르마'라는 곳이었다. 공교롭게도 이곳은 그들이 사십 년 전에 가나안을 정탐한 직후에 무리하게 진입을 시도하다가 철저하게 패했던 곳이었다. 패배의 쓴 기억이 있는 곳이었다. 그런데 바로 그곳에서 승리함으로써 그들은 이전의 기억을 치료하고 새롭게 사기를 회복하게 되었다.

호르마에서 승리를 거둔 이들은 사기가 충천하여 흥분된 마음으로 곧바로 에돔 땅을 지나 가나안까지 직행할 수 있기를 바랐을 것이다. 그러나 에돔왕이 길을 허락하지 않았기 때문에 그들은 어쩔 수 없이 에돔 땅을 둘러 홍해를 돌아가야만 했다. 모처럼의 승리에 도취해 있는 그들에게 계속해서 먼 길을 돌아가야 한다는 현실은 승리의 희열을 금방 사라지게 만드는 것이었다. 그들은 마음이 상해서 또 다시 불평한다. 이에 대해 성경은 '백성들의 마음이 상했다'고 표현한다 21장 4절. 마음이 상하자 그들은 지금까지 잘 먹었던 만나를 두고서도 불평한다. "이 하찮은 음식을 싫어하노라" 21장 5하반절 지금껏 잘 먹어 오던 만나를 '하찮은 음식'이라고 말하면서 상한 마음을 쏟아 낸다. 이처럼 외적 상황이 마음을 다르게 만들기도 하지만, 반대로 달라진 마음의 상태가 같은 외적 상황을 마치 달라진 것처럼 만들기도 한다. 계속해서 발생하는 외적 상황의 변화라는 X축과 백성들의 설익고 미숙한 반응들이라는 Y축이 만나 암울한 광야의 이야기를 만들어 내고 있었다.

이때 광야에 불뱀들이 나타났다. 이 불뱀들은 불평을 늘어놓던 백성들을 물었고, 백성들은 고통을 호소했다. 이에 하나님께서는 모세에게 놋뱀을 만들어 그것을 장대에 높이 달게 하셨다. 그리고 그 놋뱀을 본 자는 모두 나을 수 있게 하셨다. 암울하게 치닫는 X축과 Y축의 이야기 속에 개입하신 하나님이라는 Z축으로 말미암아 광야의 이야기가 새롭게 전개되어 가는 것이다.

하나님의 축복을 누가 바꿀 수 있는가?

드디어 이스라엘은 약속의 땅인 가나안을 눈으로 바라볼 수 있는 모압 평원에 이르게 되었다. 사십 년 만에 다시 가나안 접경 지역에 선 것이다. 그런데 가나안으로 들어가려면 아모리의 왕인 시혼의 땅을 통과해야 했다. 하지만 시혼왕은 이스라엘이 자신의 영토를 통과하는 것을 허락하지 않았다.

이 지역을 통과하지 않고서는 가나안으로 진입할 수가 없었던 이스라엘은 결국 시혼왕과 전쟁을 하게 되었다. 광야 생활에만 익숙했고 전쟁에 이길 자신이 없었던 그들로서는 전쟁을 피하려고 했다. 그런데 예상을 뒤집고 이 전쟁에서 이스라엘이 압도적인 승리를 거두었다. 그리고 이 승리의 소식이 주변국들에게 급속도로 퍼져 나갔다. 특히 그중에서도 인접국이었던 모압이 이 소식에 가장 민감하게 반응했다. 왜냐하면 그들은 얼마 전에 시혼 왕에게 패하여 땅을 빼앗긴 적이 있기 때문이었다. 모압인들은 시혼왕이 패배했다면 자신들도 이스라엘에게 쉽게 정복당할 수 있으리라고 생각하고 두려움에 사로잡히게 되었다.

이에 모압의 왕인 발락은 두 가지 조치를 취했는데, 하나는 인접국인 미디안과 동맹을 맺는 것이었다 22장 4, 7절. 그리고 또 하나는 부적을 써서 상대를 저주하듯이, 엄청난 액수의 복채로 발람이라는 선지자를 고용해서 이스라엘을 저주하고자 했다. 당시의 사람들은 요즘과 달리 여러 가지 미신에 많이 의존하였기 때문에, 이와 같이 종교적 주술을 이용하는 것도 전쟁을 하는 중요한 방법이었다.

그런데 발람이 이스라엘을 저주하려고 시도할 때마다 번번이 실패하게 되었다. 왜냐하면 하나님께서 계속 막으셨기 때문이었다. 결국 발람은 저주하려고 했던 그 입으로 오히려 이스라엘을 축복하게 되었다. 그것도 한 번이 아니라, 무려 네 번에 걸쳐 이스라엘을 축복했다.

하나님은 사람이 아니시니 거짓말을 하지 않으시고
인생이 아니시니 후회가 없으시도다 어찌 그 말씀하

신 바를 행하지 않으시며 하신 말씀을 실행하지 않으시랴 내가 축복할 것을 받았으니 그가 주신 복을 내가 돌이키지 않으리라 야곱의 허물을 보지 아니하시며 이스라엘의 반역을 보지 아니하시는도다 여호와 그들의 하나님이 그들과 함께 계시니 왕을 부르는 소리가 그 중에 있도다 하나님이 그들을 애굽에서 인도하여 내셨으니 그의 힘이 들소와 같도다 야곱을 해할 점술이 없고 이스라엘을 해할 복술이 없도다 이 때에 야곱과 이스라엘에 대하여 논할진대 하나님께서 행하신 일이 어찌 그리 크냐 하리로다(민수기 23장 19~23절)

이처럼 하나님께서는 이스라엘에게 하신 약속을 지키시며 그들을 축복하셨다. 그런데 정작 이러한 축복의 대상인 이스라엘 백성은 스스로를 그렇게 생각하지 않았다. 오히려 그들은 스스로를 자주 실패자라고 생각했다. 소망이 없는 자라고 여길 때가 많았다. 하나님께서는 그들이 복된 존재라고 선언하시지만, 정작 그들은 그 어떤 환경도 그 어떤 존재도 막을 수 없는 하나님의 은혜와 축복을 깨닫지 못한 채 자존감이 아주 낮아지고는 했다.

우리도 마찬가지이다. 우리 역시 일이 힘들어지면 이렇게 생각하고는 한다. '나는 왜 이렇게 복이 없을까?' '나는 실패자야.' 이스라엘 백성들처럼 우리도 우리가 처한 상황만 보고 있느라, 우리를 약속의 자녀로 부르시고 여전히 축복하시는 하나님을 바라보지 못하는 것이다. 눈에 보이는 현실적인 조건보다 하나님의 약속과 은혜를 더 크고 분명하게 바라보는 신앙의 눈을 갖지 못하고 있기 때문이다.

로마 교회가 로마 제국에게 핍박을 당할 때, 바울 사도는 성도들에게 이렇게 말했다.

> 누가 우리를 그리스도의 사랑에서 끊으리요 환난이나 곤고나 박해나 기근이나 적신이나 위험이나 칼이랴 기록된 바 우리가 종일 주를 위하여 죽임을 당하게 되며 도살 당할 양 같이 여김을 받았나이다 함과 같으니라 그러나 이 모든 일에 우리를 사랑하시는 이로 말미암아 우리가 넉넉히 이기느니라 내가 확신하노니 사망이나 생명이나 천사들이나 권세자들이나 현재 일이나 장래 일이나 능력이나 높음이나 깊음이나 다른 어떤 피조물이라도 우리를 우리 주 그리스도 예수 안에 있는 하나님의 사랑에서 끊을 수 없으리라
> (로마서 8장 35~39절)

이 말씀은 어떤 환경이든 간에, 설령 그것이 우리를 두려움과 불안으로 짓누르는 것이라 할지라도, 우리를 그리스도의 사랑에서 그리고 그리스도의 유업과 은혜에서 끊을 수 없음을 보여 준다. 인생이 짙은 구름에 가려 있을 때라도, 그 너머에 있는 밝은 은혜의 태양빛이 여전히 우리를 비추고 있다는 것을 잊지 말아야 한다.

발람을 통해 축복이 선언되고 있을 때, 이스라엘 백성은 모압 평원 북단의 싯딤이라는 곳에 머물고 있었다. 당시에 그들은 어떤 상태였을까? 발람은 이스라엘은 복을 받을 것이고 모압은 나중에 이스라엘에게 멸망할 것이라는 예언을 남기고 모압왕 발락을 떠났다. 그러자 발락은 군사 동맹도 실패하고 주술가를 통한 저주도 안 되는 것을 알고서, 이스라엘을 무너뜨릴 다른 모략을 꾀한다. 곧 모압 여자들로 하여금 싯딤에 머물고 있는 이스라엘 남자들을 성적으로 유혹하여 우상 숭배에 참여하게 한 것이었다. 이스라엘 백성은 결국 그 유혹에 넘어가서, 가나안을 목전에 둔 바로 그 입구에서 모압의 신인 바알브올을 섬기게 되었다.

하나님께서는 이스라엘의 적이 매수한 발람의 입으로까지 이스라엘을 축복하시는데, 정작 이스라엘 백성은 그런 하나님을 버리고 오히려 그들을 저주하는 모압왕의 우상을 섬기고 따른 것이다. 이처럼 하나님께서는 끝까지 이스라엘 백성을 붙들어 주시는데, 이스라엘 백성은 끝내 하나님을 버렸다. 참으로 아이러니가 아닐 수 없다. 이것이 광야 첫 세대의 마지막 모습이었다.

그러나 하나님께서는 이러한 그들조차 완전히 버리지는 않으신다. 오히려 그들의 자녀를 붙드셔서 결국 가나안 땅에 들어가게 하신다.

인생의 이야기를 만드는 것

민수기가 보여주는 이스라엘의 광야 이야기는 분명히 실패한 이야기이다. 광야 같은 현실의 외적 상황을 광야 같은 내면으로 대응한, 그야말로 황폐한 광야 같은 삶의 이야기이다. 하지만 이 이야기는 동시에 은혜의 이야기이기도 하다. 그들의 연약함과 어리석음으로 완전히 실패로 끝날 이야기를, 하나님께서 개입하시는 은혜를 베푸셔서 역전의 가능성을 만들고 지속해 가시기 때문이다.

한 사람의 삶을 이야기하면서 외적 환경이라는 X축의 좌표만 본다면, 곧 이력서상에 나타난 외적 경력만 언급한다면, 우리는 한 사람의 인생을 매우 피상적으로 이해하는 것이다. 그것만으로는 그의 삶에 담긴 진실을 다 알 수 없다. 그것과 함께 우리는 그런 수많은 외적 사건들에 그가 어떻게 대응했는가 하는 Y축 좌표도 봐야 한다. 그가 얼마나 고통스러웠는지, 얼마나 눈물을 흘렸는지, 그리고 어떻게 주먹을 불끈 쥐었는지를 봐야 하는 것이다.

하지만 그가 어려운 환경을 긍정적으로 여기고 용기 있게 반응했다고 해서 그것을 영웅화하는 것은 곤란하다. 또 그 사람이 보여준 긍정적인 태도가 결국 모든 인생 문제의 열쇠라고 말해서도 안 된다. 긍정적인 사고방식을 가지면 마법처럼 모든 것이 금방 잘 되리라 주장하는 피상적인 자기계발서들이 얼마나 많은 사람들을 오도했는지 모른다. 그런 긍정은 마침내 우리를 배신한다. 그것이 진실이 아니기 때문이다.

인생에는 외적 환경과 그 사람의 내적 대응만으로는 설명할 수 없는 신비가 존재한다. 분명 그 이상의 무엇이 있다. 성경은 이것을 우리에게 보여 준다. 우리는 그 신비 앞에 조용히 머물 필요가 있다. 우리의 삶을 돌아보면 다양한 외적 요인들이 있었고, 또 이에 대응한 우리의 내적 반응도 있었다. 그 가운데 때로 승리하기도 하고 때로 실패하기도 했다. 그 실패의 잔해가 아직까지 남아 있기도 하다. 실패를 잊고 더 좋은 일이 오기를 기대하며 새롭게 각오를 다질 필요도 있지만, 무엇보다 내 삶을 붙드는 궁극적인 요소에 주목해야 한다. 그것은 바로 하나님의 은혜이다. 그분의 포기하지 않으시는 사랑이다. 그분께서 우리의 이야기를 새롭게 고쳐 써 가시게 될 것이다. 과거 광야의 이스라엘의 이야기가 그랬듯이 말이다.

덕분에 우리가 그 은혜를 믿고 막막한 광야와 같은 상황에서도 소망을 가질 수 있는 것이다. 설령 삶이 실패로 보인다고 하더라도, 하나님의 약속이라는 희망의 별을 바라보아야 한다. 광야의 이야기 뒤에 있는 은혜의 이야기를 잊지 말자. 하나님께서 동행하신다면 광야의 길이 곧 은혜의 길이기 때문이다.

새로운 내일을 위해서

민수기 26장 1~4절, 27장 1~5절

1 염병 후에 여호와께서 모세와 제사장 아론의 아들 엘르아살에게 말씀하여 이르시되 2 이스라엘 자손의 온 회중의 총수를 그들의 조상의 가문을 따라 조사하되 이스라엘 중에 이십 세 이상으로 능히 전쟁에 나갈 만한 모든 자를 계수하라 하시니 3 모세와 제사장 엘르아살이 여리고 맞은편 요단 가 모압 평지에서 그들에게 전하여 이르되 4 여호와께서 애굽 땅에서 나온 모세와 이스라엘 자손에게 명령하신 대로 너희는 이십 세 이상 된 자를 계수하라 하니라(민수기 26장 1~4절)

1 요셉의 아들 므낫세 종족들에게 므낫세의 현손 마길의 증손 길르앗의 손자 헤벨의 아들 슬로브핫의 딸들이 찾아왔으니 그의 딸들의 이름은 말라와 노아와 호글라와 밀가와 디르사라 2 그들이 회막 문에서 모세와 제사장 엘르아살과 지휘관들과 온 회중 앞에 서서 이르되 3 우리 아버지가 광야에서 죽었으나 여호와를 거슬

러 모인 고라의 무리에 들지 아니하고 자기 죄로 죽었고 아들이 없나이다 4 어찌하여 아들이 없다고 우리 아버지의 이름이 그의 종족 중에서 삭제되리이까 우리 아버지의 형제 중에서 우리에게 기업을 주소서 하매 5 모세가 그 사연을 여호와께 아뢰니라(민수기 27장 1~5절)

새 시대

선거에서는 종종 결과를 예측할 수 없는 초박빙의 상황이 벌어진다. 모든 후보가 다 같이 자신이 새로운 시대, 새로운 정치를 열겠으니 지지해 달라고 소리를 높인다. 국민들은 누가 선출되느냐 하는 것에도 관심이 많지만, 후보들의 말처럼 새 시대, 새 정치가 과연 올 것인가에 관심이 더 많기 마련이다. 국민들은 말로만, 겉으로만 새로운 시대가 아니라, 내용과 속까지 새로운 시대가 되기를 간절히 기대한다. 동시에 과연 그것이 정말 가능할까 하는 의구심을 함께 가지고 있기도 하다.

우리는 사회와 정치가 새로워져야 한다는 명제에 대해서 깊이 공감한다. 왜냐하면 정원을 그냥 두면 점점 잡초가 무성해지듯, 우리 사회나 정치도 끊임없이 갱신되고 새로워지지 않으면 바람직하지 못한 행태들이 돌이킬 수 없도록 굳어지는 경화 현상이 일어나기 때문이다. 뿐만 아니라 극단적인 이기심들이 충돌해서 점차 공통의 가치를 상실하고 무질서로 나아가는 아노미 현상도 생길 수 있다.

하지만 새롭게 된다는 것이 말처럼 그렇게 쉬운 것은 아니다. 시대와 정치 앞에 아무리 '새로운'이라는 형용사를 갖다 붙이더라도, 그 형용사를 현실로 만드는 것은 매우 힘든 일이다. 때문에 이를 위해서는 반드시 적지 않은 준비와 희생의 과정을 거쳐야만 한다.

본문에서 이스라엘 백성은 드디어 긴 광야 생활을 마치고 새로운 가나안 시대를 바라보게 되었다. 가나안 땅을 눈앞에서 볼 수 있는 지점에 이르게 된 것이다. 그들은 사백여 년을 애굽에서 노예로 살았고, 이어 사십여 년을 광야에서 방랑자로 보냈다. 그리고 이제 새로운 땅 가나안으로 들어가려고 하고 있다. 노예로 살았고 방랑민으로 살았던 그들이 이 새로운 땅에서 정착하여 자유민으로 살려고 한다.

그런데 정말 그들이 가나안 땅에 들어가서 정착하여 자유민으로 살아갈 수 있을까? 과연 그 땅을 젖과 꿀이 흐르는 땅으로 만들어 갈 수 있을까? 선거를 할 때마다 우리나라가 '새로운 시대, 새로운 정치'라는 가나안에 진입하려고 하는 것처럼, 이스라엘 백성들도 광야에서 가나안으로 들어가려고 한다. 그러려면 그들에게 어떤 준비와 과정이 필요했을까? 그리고 우리는 또한 어떤 준비와 과정을 거쳐야 '새로운 시대'라는 땅으로 들어갈 수 있을까?

사람을 준비해야

기나긴 광야 여정을 끝내고 드디어 가나안 입구에 모인 이스라엘은 먼저 인구 조사를 실시했다. 원래 인구 조사란 전쟁에 나갈 수 있는 스무 살 이상의 모든 남자의 수를 세는 것이었다. 그들은 이미 이때로부터 사십 년 전에, 곧 출애굽하여 시내산 앞에 도착했던 당시에 인구 조사를 했다. 그때의 인구 조사는 이스라엘이 출애굽 직후 거의 오합지졸과 같은 상태였기 때문에 한 것이었다. 군대 조직과 제사장 조직을 갖추어 광야를 행진할 수 있게 하고, 나아가 가나안 정복을 수행할 수 있게 준비한 것이다.

그런데 사십 년이 흐른 지금, 가나안을 눈앞에 둔 모압 평지에서 다시 한 번 인구조사를 시행한다. 무엇을 위한 것이었을까? 두 가지 목적 때문이었는데, 하나는 가나안 땅에서 전쟁을 수행할 병력을 준비하려는 것이었고, 또 하나는 가나안 땅을 차지했을 때 그 땅을 정당하게 분배하려는 것이었다.

> 이스라엘 자손의 온 회중의 총수를 그들의 조상의 가문을 따라 조사하되 이스라엘 중에 이십 세 이상으로 능히 전쟁에 나갈 만한 모든 자를 계수하라 하시니 모세와 제사장 엘르아살이 여리고 맞은편 요단 가 모압 평지에서 그들에게 전하여 이르되 여호와께서 애

굽 땅에서 나온 모세와 이스라엘 자손에게 명령하신 대로 너희는 이십 세 이상 된 자를 계수하라 하니라 (민수기 26장 2~4절)

두 번째 인구조사와 첫 번째 인구조사의 목적이 본질적으로 다르지는 않았지만, 계수의 대상은 달랐다. 두 번째 인구조사에서 계수된 사람들은 모두 광야에서 태어난 광야 2세대들이었다. 왜냐하면 사십 년이라는 시간 동안 광야로 나선 1세대들의 상당수가 자연사할 수밖에 없었기 때문이기도 하지만, 그보다 중요한 이유는 하나님께서 광야 1세대들이 가나안에 들어가는 것을 허락하지 않으셨기 때문이다. 하나님께서는 광야에서 태어난 광야 2세대만을 가나안에 들여보내려고 하신다. 왜 그렇게 하시려는 것일까?

다음 세대를 계수한 이유

이것은 우리로 하여금 여러 가지를 생각하게 한다. 만일 애굽을 탈출했던 1세대가 바로 가나안 땅에 들어갔다면 어땠을까. 과연 그들이 가나안 땅을 젖과 꿀이 흐르는 땅이 되게 만들 수 있었을까? 그들의 광야 생활을 생각해 보자. 또 그들이 광야에서 하나님을 대하여 보여 준 태도와 반응을 생각해 보자. 아마 긍정적으로 답하기는 매우 힘들 것이다. 그들 내면에는 불평과 불만으로 가득 찬 광야가 있었다. 그런데 만일 그런 상태로 가나안 땅에 들어갔다면, 그 땅이 어떻게 되었을까? 과연 그 땅이 젖과 꿀이 흐르는 땅이 될 수 있었을까? 아니다. 그러기는커녕 오히려 그 가나안 땅 역시 또 하나의 광야로 만들었을 것이다.

광야의 여정이 참 힘든 것이었음을 상상하기란 어렵지 않다. 광야라는 고된 외적 환경도 그들에게 큰 장애물이었지만, 사실 그보다 더 큰 장애물은 그들 속의 마음이었다. 광야를 행진하는 내내 불평과 불만을 쏟아 낸 그들 내부의 광야가 외부의 광야보다 더 큰 장애물이었다는 것이다. 이런 광야 같은 마음을 가지고 사는 한 그들의 삶은 광야와 같은 삶이 될 뿐이다. 이런 공식을 만들어 볼 수 있을 것 같다.

$$광야\ 환경 \times 광야\ 마음 = 광야^2\ 인생$$

그런데 이런 그들이 가나안에 들어간다면 어떻게 될까?

$$가나안\ 환경 \times 광야\ 마음 = ?$$

답은 '가나안 광야 인생'이다. 여기서 하고자 하는 말은, 외적 환경이 광야냐 가나안이냐 하는 것보다 중요한 것이 있다는 말이다.

그곳에 거하는 사람이 누구며, 그들의 마음이 어떠한가가 더 우선적이라는 것이다. 가나안 땅이 젖과 꿀이 흐르는 땅이 되느냐, 아니면 다시 광야와 같은 곳이 되느냐는 그곳에 사는 사람이 어떤 사람이냐에 따라 결정된다. 자원이 풍부한데도 가난하게 사는 나라가 있는가 하면, 자원도 없고 지형도 좋지 않은데 잘사는 나라가 있다. 중요한 것은 '사람'이다. 어떤 사람들이냐, 그 땅에 사는 사람이 누구냐에 따라 그 땅의 미래가 결정되는 것이다.

요한계시록에는 새 예루살렘에 대한 전망이 나온다. 새 예루살렘성은 황금과 보석으로 꾸며진 아름다운 성이다. 그런데 우리는 이 성의 아름다운 외적 환경만 생각하고 기대하는 경향이 있다. 하지만 더 중요한 것은 그 안에서 사는 사람들이다. 요한계시록에 나오는 예루살렘성을 구성하는 보석들은 상징이다. 그것은 천국의 아름다운 외적 환경이 아니라 '변화된 사람들', 즉 성화되어 영화롭게 완성된 사람들을 상징하는 것이다. 처음에 흙으로 빚어진 인간들이 그때는 보석 같은 존재로 변화되어 거룩한 공동체를 이룬 것을 비유하여 표현한 것이다. 천국의 핵심도 외적 환경이 아니라 변화된 '사람'이다.

출애굽한 1세대들은 애굽에서 사백 년을 살아온 인생의 연장선상에 있던 사람들이다. 이들은 혈통으로는 이스라엘인이지만, 그들의 언어와 풍습과 같은 문화는 거의 애굽 사람들의 것이었다. 이처럼 애굽화된 이스라엘 사람들이 가나안 땅에서 애굽과 전혀 다른 새로운 나라를 만든다는 것은 매우 힘든 일이었다. 그들 속에 남아 있는 애굽을 제거하기 전에는 거의 불가능했다. 실제로 그들은 광야에서 자유민다운 모습을 제대로 보여 주지 못했다. 오히려 여전히 노예근성을 벗어나지 못한 모습을 보여 주었다. 그래서 광야에서 태어난 2세대, 곧 애굽의 가치관과 문화에서 상대적으로 자유로운 자녀 세대들이 비로소 가나안 땅에 들어가게 된 것이다. 이것이 모압 평지에서 하나님께서 모세를 통해서 광야 2세대들의 인구를 조사하신 이유였다.

사람이 문제다

그러고 보니 그때나 오늘이나 우리가 처한 상황은 비슷하다. 정치가들은 저마다 새로운 시대를 열겠다고 외친다. 이것은 마치 우리를 가나안 땅으로 이끌고 가겠다는 말과 같은 것이다. 우리의 삶을 광야와 같은 삶이 아니라, 젖과 꿀이 흐르는 삶으로 만들겠다는 뜻이다. 그랬으면 정말 좋겠다. 이것은 모든 국민들이 바라는 바이다.

그런데 과연 그런 꿈이 어떻게 해야 이루어질까? 또 우리 사회가 꿈을 이루는 데 번번이 실패한 이유는 무엇일까? 여러 번의 선거를 경험하면서 깨닫게 되는 것은, 결국 문제는 사람이라는 것이다. 선거 때마다 각 정당에서 내거는 공약과 구호가 얼마나 아름다운가? 마치 가나안 입구에 서 있는 듯한 희망찬 미래를 국민들에게 얼마나 많이 보여 주었는가? 그러나 정치가 국민들의 마음을 실망시킬 때가 너무 많다. 그 이유가 무엇일까? 바로 사람들 때문이다. 애굽과 같이 탐욕스러운 마음을 품은 사람들, 광야와 같이 삭막한 마음을 품은 사람들 때문에 이 땅이 약속의 땅처럼 되지 못하고, 여전히 광야가 되었던 것이다.

선거 때마다 늘 각종 흑색선전이 난무한다. 사실이 아닌 것을 사실로 퍼트리기도 하고, 사실인 것을 사실이 아니라고도 한다. 무엇이 사실인지, 누가 진실한지 전혀 알 수가 없다. 새로운 시대를 가져오겠다고 구호를 외치는 사람들이 옛 시대에나 속한 것들을 그대로 답습한다. 권력을 잡은 이후에 자기의 공로를 대가로 이권을 요구하고 자리를 차지하려고 한다. 그렇다면 새로운 정치, 새로운 시대라는 말이 얼마나 공허한 것인가?

결국 문제는 사람이다. '사람이 먼저다'라는 구호가 유명세를 탔다. 참 맞는 말이 아닐 수 없다. 그러나 이보다 더 현실에 가까운 말은 '사람이 문제다'가 아닐까 싶다. 누가 권력을 잡든지 간에 그 사람의 정치를 바라보는 국민들이 '역시 사람이 먼저다'라고 할 수 있게 되기를 바란다. 행여나 '역시 사람이 문제다'가 되지 않기를 바랄 뿐이다.

다시 생각해도 역시 사람이 문제다. 하지만 동시에 사람이 희망이다. 사람 때문에 삶이 힘든 것도 사실이지만, 반대로 사람 때문에 살맛이 나기도 한다. 사람 때문에 오늘 우리가 이만큼이라도 살게 된 것이다. 살맛이 나게 하는 희망의 사람들이 많아져야 희망의 시대가 열릴 것이다. 새로운 시대를 품은 사람들이 준비된 만큼 새로운 시대가 열리고, 새로운 정치의 마음을 가진 사람들이 준비된 만큼 새로운 정치가 열릴 것이다.

민주 시대를 열어 가려면 민주 의식을 가진 사람들이 많아져야 하고, 통일 시대를 열어 가려면 대결 의식을 거부하는 동시에 바른 역사의식을 가진 사람들이 많아져야 한다. 사람이 준비된 만큼 시대가 열리게 되어 있다. 사람이 준비되지 않으면 아무리 정치나 사회나 교육 앞에 '새로운'이라는 형용사를 갖다 붙인다 하더라도 모두가 공허한 구호에 불과할 뿐이다. 그것은 단지 새로운 것을 요구하며 가나안의 입구에서 서성거리는 것일 뿐이다.

교육과 종교의 책무

사람이 중요하다는 점과 관련해서, 우리는 이스라엘 공동체가 왜 레위 지파와 제사장들을 백성들 사이에서 그렇게 중요한 위치에 두었는지에 주목해야 한다. 그들이 하는 일은 경제에 도움을 주는 일은 전혀 아니었다. 그들은 제품을 만들지도 않고 경제적 이익을 남기지도 않았다. 그들은 말하자면 전혀 생산적인 무리가 아니었다. 하지만 하나님께서는 이들을 각 지파의 삶의 중심에 두도록 하셨고, 가장 중요한 위치를 차지하게 하셨다. 왜 그러셨을까? 그들이 대체 무슨 역할을 하기 때문이었을까?

그것은 바로 그들이 사람을 세우는 일을 했기 때문이었다. 즉 사람을 문제가 아니라 희망으로 만드는 일을 했기 때문이었다. 가나안을 젖과 꿀이 흐르는 땅으로 만들기 위해, 사람들의 마음을 젖과 꿀이 흐르는 마음으로 만드는 일을 했기 때문이었다. 그들은 백성들로 하여금 율법에 순종하게 하여 하나님을 중심에 두는 사람으로 준비시키는 일을 했고, 그래서 그들이 젖과 꿀이 흐르는 시대를 열 수 있도록 했다.

구약성경이 그것을 강조하기 때문인지, 유대인은 언제나 교육을 가장 중요하게 생각해 왔다. 세계 어느 나라를 둘러보아도 유대인만큼 교육을 우선시하는 나라가 없다. 우리도 교육에 대한 열정만큼은 누구에게도 뒤지지 않는다. 문제는 그 교육이 진정 사람을 세우는 교육인가 하는 것이다. 교육으로 사람을 세우지 못하면, 아무리 나라가 경제 대국이 되어도 국민들은 결국 젖과 꿀이 흐르는 땅으로 들어갈 수 없을 것이다.

교육도 그렇지만, 신앙 또한 이 시대의 타락한 사람들을 치유하여 더 나은 사람으로 변화시키는 일을 맡고 있다. 이 일을 하지 못하고 신앙이 그저 미신이나 복 받기만 바라는 차원에 머물 수 있다. 신앙인이랍시고 겉으로는 고상해 보이나 실제로는 그 속에 예수 정신이 전혀 없는 자기중심적인 사람들만 만들어 낼 수도 있다. 신앙의 깊고 높은 사상의 물줄기가 사람들의 마음의 땅에서 강물처럼 흐르게 만들지 못한다면, 결국 이 땅은 젖과 꿀이 흐르는 땅이 될 수 없을 것이다.

참으로 사람을 변화시켜 세상의 참된 희망이 되게 하려면 예수님을 만나게 해야 한다. 성경이 증언하는 하나님 나라의 전망에 눈뜨게 하고, 예수님의 깊은 가르침에 흠뻑 젖게 해야 한다. 매일 말씀을 배우는 훈련으로 단련되게 해야 하고, 성경 말씀의 안목으로 세상의 각 영역을 볼 수 있는 세계관을 기르도록 해야 한다. 그렇게 세워진 사람이 주어진 현실을 젖과 꿀이 흐르는 땅으로 만들어 가는 일꾼이 된다. 그렇게 세울 때 문제의 사람이 아닌 희망의 사람이 되는 것이다.

핵심 가치와 제도를 준비하다

가나안 땅의 입구에서 하나님께서 모세에게 가나안에 들어갈 사람들을 계수하라고 하신 것은, 옛 광야 시대의 종언을 고하고 새 가나안 시대를 준비하기 위해서였다. 새 시대의 핵심은 사람이었으므로 이렇게 인구조사를 한 것이었다. 그런데 인구조사를 한 다음에 해야 할 일이 한 가지 더 있었다. 그것은 가나안 땅에 들어간

후 각 지파별로 땅을 분배하는 일이었다. 땅을 공평하게 분배하는 것은 그러나 쉬운 일이 결코 아니었다.

만약 땅을 제대로 분배하지 못한다면 백성들이 불만을 가지게 될 것이다. 그렇다고 그 땅에 들어가서 각자 능력껏 차지하라고 한다면 더 큰 혼란에 빠지게 될 것이다. 서로 달려들어 더 좋은 것, 더 많은 것을 차지하려고 싸우게 될 것이기 때문이다. 따라서 이런 경우에는 원칙을 세우고 그것에 따르는 것이 필요하다. 그래서 모세는 큰 원칙을 세워 놓고 그에 따라서 땅을 분배했다.

하나님께서 모세에게 주신 가장 중요한 원칙은 지파의 인구에 따라서 땅을 나누는 것이었다. 이렇게 인구에 따라 땅의 크기를 정한다면 이 자체에 특별히 불만을 품는 사람은 없을 것이다. 하지만 땅을 분배할 때는 크기도 중요하지만 위치도 중요하다. 그러면 위치는 어떻게 정해야 할까? 땅을 분배하기 위해 하나님께서 세우신 두 번째 원칙은, 땅의 위치는 제비뽑기로 정한다는 것이었다. 제비뽑기의 결과는 사람이 예측할 수 없고 하나님께 달린 것이다. 그러므로 이렇게 인구에 따라 크기를 정하고 제비뽑기로 위치를 정하여 땅을 분배하여 모든 지파들을 만족시킬 수 있었다.

그러나 예상치 못한 문제가 생겼다. 사회가 남성 중심으로 구성되던 당시에는 땅을 분배할 때 남자에게만 소유권을 주도록 되어 있었다. 그런데 이렇게 지파별로든 가문별로든 땅을 오직 남자에게만 준다면, 아들이 없고 딸만 있는 가문에서 땅을 상속해야 할 시점이 되었을 때가 문제였다. 상속받을 아들이 없으므로 아버지의 그 땅이 누구에게로 돌아가야 하느냐는 것이었다. 실제로 므낫세 지파의 슬로브핫이라는 사람의 경우가 그러했다. 그에게는 딸만 다섯이 있었다. 그러다 보니 당시의 관습에서는 아무도 아버지의 땅을 상속받을 수 없었다. 그래서 이 문제를 두고 그의 딸들이 모세를 찾아갔다.

> 요셉의 아들 므낫세 종족들에게 므낫세의 현손 마길의 증손 길르앗의 손자 헤벨의 아들 슬로브핫의 딸들이 찾아왔으니 그의 딸들의 이름은 말라와 노아와 호글라와 밀가와 디르사라 그들이 회막 문에서 모세와 제사장 엘르아살과 지휘관들과 온 회중 앞에 서서 이르되 우리 아버지가 광야에서 죽었으나 여호와를 거슬러 모인 고라의 무리에 들지 아니하고 자기 죄로 죽었고 아들이 없나이다 어찌하여 아들이 없다고 우리 아버지의 이름이 그의 종족 중에서 삭제되리이까 우리 아버지의 형제 중에서 우리에게 기업을 주소서 하매(민수기 27장 1~4절)

이 문제를 가지고 모세가 하나님께 여쭈었다. 하나님께서는 모세에게 어떻게 응답하셨을까? 이전의 전통을 그대로 유지하게 하셨을까? 아니면 새로운 제도를 만들게 하셨을까?

하나님께서는 오직 남자만이 재산을 상속하는 전통을 바꾸어 여자도 땅을 상속하도록 하셨다. 즉 아들이 없으면 대신 딸들이 기업을 물려받게 하고, 딸도 없으면 그 남자의 형제들이 이어받고, 형제도 없으면 가장 가까운 친척이 물려받게 하신 것이다. 이후 이러한 판례는 모든 이스라엘 사람들에게 적용되는 새로운 법이 되었다 27장 8~11절.

새 포도주와 새 부대

이스라엘 백성이 광야에서 살았을 때는 땅 상속이라는 문제가 대두될 필요가 없었다. 하지만 이제 가나안에 정착하게 되면서 이전의 광야 시대 때 지켰던 법과 전통에 수정을 가해야만 했다. 슬로브핫 가정의 경우처럼 제도적 허점 때문에 누군가가 억울한 일을 당하는 일이 없도록 해야 했다. 그래서 딸도 상속이 가능하다는 쪽으로 전통을 수정한 것이다.

이렇게 부분적으로 제도와 전통을 수정했지만, 원칙과 그 안에 담긴 가치까지 함부로 손댄 것은 아니었다. 오히려 하나님께서는 백성들로 하여금 결코 수정되어서는 안 될 원칙과 가치에 더 주목하도록 하셨다. 무엇보다 하나님께서는 이스라엘의 각 지파들이 분배받은 땅이 각 지파 안에서 지켜지고 유지되게 하셨다. 그리고 그 땅은 사고파는 일이 없도록 하되, 만약 부득이하게 그런 일이 일어날 경우에도 오십 년이 되는 해에 반드시 원래의 주인에게 돌려주도록 하셨다. 이른바 '희년 제도'였다. 그리고 이런 원칙과 가치는 가나안 땅에서 이스라엘 백성들이 드려야 할 제사 제도와 지켜야 할 절기들을 통해서 대대로 이어지게 하셨다. 따라서 이스라엘의 제사와 절기 규례들은 이스라엘 공동체가 대대로 간직해야 할 정신과 가치관을 유지하게 만드는 정신적, 문화적 그릇이었다.

이렇듯 하나님께서는 이스라엘 민족의 새 시대를 여시며 그들의 전통과 정책을 상황에 맞춰 유연하게 하셨다. 그러나 동시에 결코 포기할 수 없는 중요한 정신과 가치는 반드시 지키도록 하셨다. 이는 모든 시대가 배워야 할 중요한 교훈이다. 새 시대는 제도의 외형을 바꾸는 것으로 되는 것이 아니다. 그렇게 한다고 새 시대가 오지 않는다. 새 시대가 오게 하기 위해서는 오히려 포기해서는 안 되는 중요한 가치를 더 견고하게 붙들 수 있어야 한다.

예수님께서 제자들에게 새 계명을 주겠다고 하셨을 때, 그 새 계명은 구약에 있던 옛 계명과 다른 계명이 아니었다. 예수님의 계명은 '처음 주신 옛 계명'의 정신과 의미를 다시금 드러낸 계명이었다. 그래서 사도 요한은 이렇게 말했다. "사랑하는 자들아 내가 새 계명을 너희에게 쓰는 것이 아니라 너희가 처음부터 가진 옛 계명이니 이 계명은 너희가 들은 바 말씀이거니와"요한일서 2장 7절 새 계명은 바꾸거나 포기할 수 없는 옛 계명의 정신과 가치를 새롭게 우리에게 전해 주는 것이다. 따라서 새로운 시대를 열기 위해서는 가장 중요한 핵심 가치인 '포도주'를 중요하게 여기는 한편, 그것을 담아낼 수 있는 '부대'를, '그릇'을 새 시대에 맞게 변경해야 한다.

그러면 지금 우리가 새 시대로 가려면 무엇이 필요할까? 그것은 먼저 우리가 끝까지 붙들어야 할 가장 중요한 가치가 무엇인지를 분명히 깨닫는 것이다. 즉 정말 '보수'하고 지켜 가야 할 가치가 무엇인지를 바로 아는 것이다. 그런 다음 우리가 유연성 있게 바꾸어야 할 것이 무엇인지를 알아야만 한다. 곧 바꾸어야 하는 것을 바꾸고 개혁하려는 '진보'의 태도를 가져야 한다. 이렇게 우리가 가져야 할 가장 높은 핵심 가치와 정신의 포도주를 잘 담고, 그 깊은 맛을 시대에 맞도록 만들어 내는 유연하고 과감한 정책들이 있을 때 새 시대가 열리게 될 것이다.

시대의 지도자

하나님께서는 새 시대를 위해서 인구조사를 함으로써 사람을 준비하시고, 또 가나안에서의 삶에 적절하도록 법을 개정하신 뒤 한 가지 일을 더 행하신다. 그것은 다름 아니라, 모세를 물러나게 하시고 새로운 지도자를 세우시는 것이었다. 하나님께서는 모세에게 이렇게 말씀하셨다.

> 여호와께서 모세에게 이르시되 눈의 아들 여호수아는 그 안에 영이 머무는 자니 너는 데려다가 그에게 안수하고 그를 제사장 엘르아살과 온 회중 앞에 세우고 그들의 목전에서 그에게 위탁하여 네 존귀를 그에게 돌려 이스라엘 자손의 온 회중을 그에게 복종하게 하라 (민수기 27장 18~20절)

가나안 입구까지 백성들을 이끌고 온 모세지만, 그는 그 땅을 밟을 수 없었다. 모세가 가나안으로 들어가는 것을 하나님께서 허락하지 않으셨기 때문이다. 하나님께서는 모세를 출애굽과 광야 시대의 지도자로 끝나게 하시고, 가나안 시대의 지도자로는 여호수아를 세우셨다.

이렇듯 각 시대마다 하나님께서 세우시는 지도자가 있다. 역사적으로 볼 때도 개발 시대의 지도자형이 있고, 민주 시대의 지도자형이 있다. 분단 시대의 지도자와 통일 시대의 지도자는 달라야 한다. 이념 시대의 지도자와 탈이념 시대의 지도자 역시 달라야 한다. 각각의 시대마다 적절한 지도자가 필요하다.

이것은 영적으로 볼 때도 마찬가지이다. 즉 율법 시대의 지도자가 있는가 하면, 은혜 시대의 지도자가 있다. 율법 시대의 지도자는 모세였다. 하지만 율법이 사람을 이끌고 가는 데는 한계가 있다. 그것은 가나안 입구까지이다. 사람이 아무리 자기 노력과 수행과 도덕으로 인생의 길을 간다고 해도, 그 한계는 또한 하나님 나라의 입구까지일 뿐이다. 그것으로는 구원에 이를 수 없다.

모세 다음의 지도자, 곧 은혜 시대의 지도자는 여호수아였다. 율법이 더 이상 갈 수 없는 그 끝 지점에서 새로운 지도자가 백성을 인도하게 된 것이다. 여호수아는 '예수'와 같은 이름이다. 이렇게 이름이 일치하는 것은 단순한 우연이 아니다. 즉 예수님께서 우리로 하여금 율법의 광야를 넘어 은혜의 가나안에 들어가게 하시는 것이다.

이제 우리는?

새로운 내일은 어떻게 오는 것일까? 무엇을 어떻게 해야 우리가 사는 이 땅이 새롭게 될 수 있을까? 사람들의 가슴을 울리는 구호만 내걸면 될까? 탁월한 몇몇 사람들의 헌신적인 노력이면 될까? 아니다. 기대와 실망이 요동치는 역사의 과정을 거쳐, 사람에게 기대하고 실망하고, 그리고 인내하는 과정으로 사람이 준비되어야 한다. 그리고 무엇보다 내가 그 한 사람이 되도록 노력해야 한다.

또한 국민들 각자가 자기의 이익을 넘어 우리 모두를 위한 더 높고 우선적인 가치에 깊이 공감하고 그것으로 하나가 되어야 한다. 우리 그리스도인 역시 자신의 개인적인 유익보다 하나님 나라의 가치를 중심으로 사는 것을 연습하면서 살아가야 한다. 이런 원칙에 따른 올바른 선택들이 하나둘씩 모일 때 새 시대가 열리는 것이다.

그리고 무엇보다 새 시대에 맞는 진실한 지도자를 잘 세워야 한다. 때문에 우리는 좋은 지도자를 뽑아야 할 뿐만 아니라, 내가 속한 가정과 직장에서, 그리고 삶의 자리에서 섬기는 지도력을 가진 좋은 지도자가 되도록 힘써야 한다. 자기 삶의 영역에서 바른 지도력을 행사하는 사람이 많아질수록 새 시대는 그만큼 더 가까워질 것이다.

하나님의 정치

민수기 34장 1~7절, 35장 1~8절

1 여호와께서 모세에게 말씀하여 이르시되 2 너는 이스라엘 자손에게 명령하여 그들에게 이르라 너희가 가나안 땅에 들어가는 때에 그 땅은 너희의 기업이 되리니 곧 가나안 사방 지경이라 3 너희 남쪽은 에돔 곁에 접근한 신 광야니 너희의 남쪽 경계는 동쪽으로 염해 끝에서 시작하여 4 돌아서 아그랍빔 언덕 남쪽에 이르고 신을 지나 가데스바네아 남쪽에 이르고 또 하살아달을 지나 아스몬에 이르고 5 아스몬에서 돌아서 애굽 시내를 지나 바다까지 이르느니라 6 서쪽 경계는 대해가 경계가 되나니 이는 너희의 서쪽 경계니라 7 북쪽 경계는 이러하니 대해에서부터 호르 산까지 그어라(민수기 34장 1~7절)

1 여호와께서 여리고 맞은편 요단 강 가 모압 평지에서 모세에게 말씀하여 이르시되 2 이스라엘 자손에게 명령하여 그들이 받은 기업에서 레위인에게 거주할 성읍들을 주게 하고 너희는 또 그

성읍들을 두르고 있는 초장을 레위인에게 주어서 3 성읍은 그들의 거처가 되게 하고 초장은 그들의 재산인 가축과 짐승들을 둘 곳이 되게 할 것이라 4 너희가 레위인에게 줄 성읍들의 들은 성벽에서부터 밖으로 사방 천 규빗이라 5 성을 중앙에 두고 성 밖 동쪽으로 이천 규빗, 남쪽으로 이천 규빗, 서쪽으로 이천 규빗, 북쪽으로 이천 규빗을 측량할지니 이는 그들의 성읍의 들이며 6 너희가 레위인에게 줄 성읍은 살인자들이 피하게 할 도피성으로 여섯 성읍이요 그 외에 사십이 성읍이라 7 너희가 레위인에게 모두 사십팔 성읍을 주고 그 초장도 함께 주되 8 너희가 이스라엘 자손의 소유에서 레위인에게 너희가 성읍을 줄 때에 많이 받은 자에게서는 많이 떼어서 주고 적게 받은 자에게서는 적게 떼어 줄 것이라 각기 받은 기업을 따라서 그 성읍들을 레위인에게 줄지니라(민수기 35장 1~8절)

지도자의 겸손함

만약 우리가 새 집에 곧 입주하게 되어 있다면, 그 집의 거실과 방을 어떻게 꾸밀까 생각할 것이다. 또한 새해를 맞이하게 된다면, 한 해를 어떻게 보낼까 생각하며 계획을 세울 것이다. 이스라엘 백성들도 광야의 긴 여정을 끝내고 가나안의 입구에 서서, 앞으로 그 땅에서 어떻게 살아갈 것인지를 생각하며 그곳에서의 삶을 준비하고 있었다.

일찍이 하나님께서는 그 땅을 '젖과 꿀이 흐르는 땅'이라고 부르셨다. '젖과 꿀'이란 평화와 행복을 의미하는 강력한 상징이었다. 따라서 하나님께서는 이스라엘에게 행복과 평화가 넘치는 땅을 주기로 약속하시고 그것을 꿈꾸게 하신 것이다.

그 꿈은 어떻게 이루어질까? 우리는 그런 전망과 꿈을 지도자가 이루어 주기를 기대한다. 백성의 꿈과 전망을 이루어 주는 지도자가 있으면 좋겠지만, 그 한 사람에게 과도한 기대를 걸다가는 나중에 실망하게 되는 경우가 많다. 그래서 지도자는 바른 방향과 목표에 따라 사람들을 지도하는 한편, 사람들이 자기를 메시아처럼 여기고 기대를 걸지 않도록 해야 한다. 지도자로서 주어진 범위를 넘지 않으면서 최선을 다하는 겸손함을 가져야 한다.

이런 점에서 모세는 모범을 보였다. 그는 애굽으로부터의 해방을 이끈 지도자로서, 백성들을 출애굽시켜 가나안 땅 입구까지 데리고 왔다. 그는 위대한 지도자였다. 하지만 그는 자기의 사명이 거기까지임을 잘 알았다. 자기의 능력 이상을 탐내지 않았다. 멈추고 내려놓아야 할 자리를 잘 알았다. 그래서 그는 가나안 입구에서 다음 지도자인 여호수아에게 모든 지도력을 인계했다.

뿐만 아니라 다음 지도자가 지도력을 잘 감당할 수 있도록 마지막까지 기초를 잘 닦아 놓으려고 했다. 그래서 하나님의 명에 끝까지 충성하여, 가나안 땅에 들어가서 하나님의 백성으로서 따를 삶의 원리를 가르치고 전수했던 것이다. 비록 자신은 가나안 땅에 들어가지 못하지만, 후손들이 그 땅에서 지켜야 할 삶의 가치와 정신을 배워 제사장 나라의 역할을 잘 감당할 수 있도록 준비시키는 일을 마지막까지 잘 감당했다.

땅의 경계를 정하다

가나안 땅 입구에서 그 땅으로 진입하려는 순간, 이스라엘 백성들은 지난 광야의 세월을 돌아보았다. 주마등처럼 지나가는 사십 년의 세월이었다. 그들은 그동안 마흔 번이나 진을 치고 옮기며 광야를 돌아다녔다. 참으로 고달픈 나그네의 삶이었다.

그렇게 사십 년 동안의 광야 여정을 회고한 이후, 하나님께서는 모세에게 각 지파별로 가나안 땅을 분배하도록 지시하셨다. 먼저 각 지파의 인구수에 따라 땅의 크기를 결정하고, 제비뽑기로 그 위치를 정했다. 이런 절차를 거침으로써 토지 때문에 일어날 수 있는 지파 간의 분쟁을 미연에 방지하신 것이다. 그리고 이어 하나님께서는 이스라엘 백성이 들어갈 가나안 땅의 경계를 말씀해 주셨다. 그 경계는 남쪽으로 신 광야, 동쪽으로 염해 끝, 서쪽으로 지중해 연안, 그리고 북쪽으로 호르산에 이르는 지역이었다. 이 지역은 아시아와 아프리카, 유럽의 세 대륙을 연결하는 중요한 요충지였는데, 하나님께서는 이러한 땅을 그들에게 선물이자 정복해야 할 사명으로 주신 것이었다.

영토 확장을 전망하지 않았다

하나님께서는 가나안 땅 입구에서 가나안 땅의 경계를 말씀해 주셨다. 이는 백성들에게 목표를 보다 구체적으로 보여 주고, 그럼으로써 목표에 대한 열망이 더 강하게 일어나게 하기 위해서였다. 지금 우리도 목표가 구체적일 때 그것을 이루고자 하는 더 강한 열망이 생겨난다는 것을 경험한다. 그렇지만 하나님께서 가나안 땅의 경계를 정해 주신 것은 단순히 그렇게 땅을 잘 정복하게 하시려는 것만은 아니었다. 여기에는 우리가 잘 새겨 두어야 할 보다 중요한 뜻이 담겨 있다.

이 뜻을 알기 위해서는 당시 주위 다른 나라들의 경우와 비교해서 생각해 보아야 한다. 주위 나라들이 이와 비슷한 상황에 처했다면 어떻게 했을까? 그들은 영토의 경계를 먼저 정했을까? 아니면 기회가 닿는 대로 그 영토를 더 확장하려고 했을까? 역사적으로 대부분의 국가가 힘만 있으면 언제라도 그 경계를 확장하려고 했다. 당시의 애굽이나 앗시리아, 바벨론, 페르시아만 보아도 잘 알 수 있다. 영토를 이만큼만 확장하고 더 이상은 넓히지 말자며 스스로 영토의 경계를 제한하는 경우는 거의 없었다. 힘이 생기면 언제라도 땅을 정복하여 그 경계를 넓히려는 것이 주변국들의 모습이었다.

고대 국가의 신들은 그런 왕들의 욕망을 충동하는 일을 했다. 그 신들은 무한대로 영토를 확장하라고 촉구하면서 왕의 욕망의 경계선을 무너뜨렸다. 그리고 영토를 확장하게 하여 그들의 신적 능력을 과시했다.

그런데 하나님께서는 그렇게 하지 않으시고 그분의 백성이 차지해야 할 땅의 한계를 정해 주셨다. 사실 하나님께서는 얼마든지 더 넓은 땅을 주실 수도 있는 분이시다. 원하기만 하시면 언제든 거대한 제국을 이루게 하실 능력도 있으시다. 우리 생각에는 만일 그렇게 하셨다면 하나님의 영광이 크게 나타날 수도 있었을 텐데 싶지만, 하나님께서는 결코 그렇게 하지 않으셨다.

더구나 만일 하나님께서 약속하신 그 땅의 경계를 넓게 정해 주셨다면, 이스라엘 백성은 선물로 주신 땅이 충분하니 더 이상 욕심 부릴 필요가 없다고 느꼈을지도 모른다. 그러나 하나님께서 정해 주신 땅은 그리 넓지 않았다. 고작해야 우리나라 경상남북도 크기만 한 땅이었다. 제국의 왕들이 볼 때는 겨우 손바닥만 한 땅에 불과했다. 그런데도 하나님께서는 그런 조그만 땅을 주시면서, '이것이 너희가 대대로 살 땅의 경계'라고 선을 그으셨다. 말하자면 처음부터 영토 확장의 전망을 이스라엘에게 주지 않으셨던 것이다. 하나님께서는 오히려 그것을 강력히 제한하셨다. 우리가 주목해야 할 부분이 바로 이것이다. 하나님께서는 왜 그렇게 하신 것일까?

제국의 길을 걷지 말라

하나님께서 이스라엘의 왕으로서 땅의 경계를 정하신 것은, 온 세상의 왕들에게 자신의 나라를 어떻게 다스려야 하는지를 알려 주시고자 하셨기 때문이다. 즉 어떻게 정치해야 모두가 함께 잘사는 땅이 되는지를 알려 주신 것이다.

하나님께서는 가나안 땅의 경계를 정하시기 전에, 먼저 열두 지파에게 각 인구에 따라 땅의 크기를 정해 주셨다. 그리고 이후에는 제비뽑기로 위치도 정해 주셨다. 만약 이렇게 영토의 경계와 위치를 정해 주지 않으셨다면, 지파들 사이에서 더 많은 땅, 더 좋은 땅을 차지하려는 전쟁이 일어났을 것이다. 그리고 이스라엘의 역사는 결국 지파 간의 영토분쟁사가 되었을지도 모른다. 또 다윗과 솔로몬의 때처럼 국력이 아주 강력했을 때는, 그들도 주위의 다른 나라들처럼 영토 확장이라는 전망을 내걸고 본격적으로 이웃 나라들을 침공했을 것이다. 그래서 자기가 믿는 신의 이름으로 제국의 길을 갔던 나라들처럼, 그들 역시 여호와 하나님의 이름으로 또 하나의 제국의 길을 걸어갔을지도 모른다.

그러나 하나님께서는 각 지파에게 땅의 크기를 정해 주시고는 그 땅을 사지도 팔지도 말라고 하셨다. 설령 사고파는 부득이한 경우가 생긴다 하더라도, 오십 년 간격으로 돌아오는 희년에 모든 것을 원위치로 되돌리도록 하셨다. 뿐만 아니라 단순히 지파 단위를 넘어, 통일 국가로서도 가나안이라는 주어진 땅의 경계를 넘지 않도록 하셨다.

욕망의 경계선을 긋다

하나님께서 이렇게 땅의 경계를 정하신 것은 어떤 의미일까? 단순히 영토로서의 땅에만 경계선을 그으신 것일까? 아니다. 하나님께서는 이렇게 제한하심으로써 마음의 땅에 욕망의 경계선을 그으신 것이다. 이렇게 하지 않으면 무한대로 팽창하는 인간의 욕망을 제한할 수가 없기 때문이다.

사람에게서 욕망의 경계가 그어지지 않으면 어떻게 되는지는 역사를 보면 잘 알 수 있다. 무엇보다 정복욕을 가지고 끝없이 확장을 추구했던 제국주의 나라들이 땅의 경계선을 허물고 이웃 나라들을 정복함으로써, 얼마나 많은 사람들의 피가 흘렀는지 우리는 잘 안다. 욕망의 경계선이 허물어졌을 때, 그 땅은 걷잡을 수 없는 탐욕과 죄로 범벅이 된 피와 눈물의 땅이 되었다.

중앙일보 분수대 칼럼 2012년 12월 14일 자에 이런 글이 실렸다. 중국 부자들 사이에서 '회춘回春 이불'이 인기라는 내용이었는데, 이불의 겉은 금실로 수를 놓고 그 안에는 몸에 좋다는 온갖 약

재들을 넣고 회춘에 효험이 있다며 판매한다는 것이었다. 이 이불을 중국 갑부들이 사는데, 그 값이 중국의 웬만한 아파트 한 채 값인 백만 위안, 즉 일억 팔천만 원이나 되었다고 한다. 그런데도 없어서 못 팔 정도라고 했다. 그러면서 최근 중국의 빈부격차가 상상을 초월할 정도여서, 부자들 중에는 자녀들에게 포르쉐 승용차는 물론 자가용 비행기까지 사 주는 사람들이 있다고 적고 있다. 중국의 소득 상위 십 퍼센트와 하위 십 퍼센트의 격차가 스물세 배인데, 이는 빈부격차로 악명 높은 브라질보다 더 높은 수준이라고 했다. 이 칼럼은 이렇듯 평등주의 이념인 사회주의를 표방하는 중국의 빈부 격차가 세계 최고라는 것은 21세기의 아이러니가 아닐 수 없다고 꼬집었다.

욕망의 울타리가 허물어지면 어떤 이념도 그것을 막지 못한다. 욕망의 울타리가 허물어지면 대기업, 재벌들이 골목 상권에까지 뛰어들어 중소상인들을 죽게 만든다. 욕망의 경계선이 무너지면 약한 자의 영역은 침해를 당하게 되고, 그 땅의 다수를 이루는 사람들은 행복한 삶을 꿈꾸기 어려워진다. 신자유주의 경제사상이나 미국 금융가에서 나타나고 있는 문제들도 이런 욕망의 경계선이 무너진 상태를 잘 보여 준다. 욕망의 경계선이 무너지면 욕망에 사로잡힌 사람들이 무분별하게 남의 영역을 침해하며 고통을 주게 된다. 이런 우리의 성향을 잘 아시는 하나님께서는 자기 백성의 땅의 경계를 미리 정하시고, 그럼으로써 욕망의 경계를 그으셔서 서로 더불어 잘살도록 하신 것이다.

하나님 나라의 꿈

하나님께서 가나안 땅의 경계를 넘어서는 영토 확장의 전망이 서는 것을 막고 땅의 경계를 정하심으로써 욕망의 경계선을 그으신 것을 보며 이런 질문을 할 수도 있다.

> "하나님께서 우리가 추구할 전망을 없애시는 것은 아닐까?"
>
> "인간 속에 있는 열망과 능력을 제한하셔서 한계 안에 주저앉게 만드시는 것은 아닐까?"
>
> "우리는 대체 무엇을 꿈꾸며, 무엇을 추구하면서 살라시는 것일까?"

하나님께서는 더 넓은 땅을 추구하는 영토 확장의 전망을 제한하신 대신, '젖과 꿀이 흐르는 땅'이라는 다른 전망을 주셨다. 다시 말해, 가나안 땅을 젖과 꿀이 흐르는 땅으로 만드는 전망을 주셨다.

사실 이스라엘 백성이 들어가게 될 가나안 땅은 그리 좋은 땅이 아니었다. 땅 자체도 광야가 많아 척박했지만, 무엇보다 종교적,

문화적, 정신적으로 그곳은 오히려 최악의 땅이었다. 심지어 가나안 원주민들은 자신의 목적을 위해 자기 아들을 잡아 인신 제사를 드리기까지 했다. 그들의 음란 역시 이미 극도에 다다랐다. 성경이 이를 기록하여 가나안 땅이 그 거민들을 토해 내고 싶어 한다는 표현을 쓸 만큼 그들의 타락은 심각한 수준이었다 레위기 18장 28절.

그런데 하나님께서는 이스라엘 백성을 바로 이 땅으로 들여보내시면서, 그 땅을 나쁜 땅이 아니라 좋은 땅, 즉 '젖과 꿀이 흐르는 땅'이라 부르게 하셨다. 이것은 이미 그 땅에 젖과 꿀이 흐르고 있기 때문이 아니라, 그 땅을 그렇게 되도록 만들라는 뜻이었다. 즉 '젖과 꿀이 흐르는 땅'은 가나안의 현재 상태가 아니라, 미래의 목표였던 것이다.

하나님께서는 지금 이스라엘 백성에게 땅을 더 확장하는 전망이 아니라, 주신 그 땅을 젖과 꿀이 흐르는 땅으로 만드는 전망을 주셨다. 자기 경계를 넘어 남의 땅을 침범하는 야망이 아니라, 자기의 땅에서 주어진 능력을 최대한 발휘하여 젖과 꿀이 넘쳐서 이웃 나라에까지 흘러들게 하는 그런 전망을 주신 것이다. 제국을 이루는 꿈이 아니라 하나님 나라를 이루는 꿈을 주신 셈이다. 하나님께서 주신 전망은 땅의 크기에 대한 것이 아니라, 그 땅을 어떻게 젖과 꿀이 흐르는 땅으로 만들어 내느냐 하는 것이었다.

약 이천 년 전에 예수님께서 이 땅에 오셨다. 예수님께서 오신 그 땅은 어떤 땅이었던가? 유대 땅이었지만 로마 제국의 땅이기도 했다. 로마 제국이 계속 땅의 경계를 넓혀가면서, 결국 유대 땅도 로마의 땅이 되고 말았던 것이다. 이런 로마 제국 아래서 로마 사람들은 모두 제국의 꿈과 전망을 노래하고 있었겠지만, 유대인들과 같은 피정복민들은 분노와 슬픔의 눈물을 흘리고 있었다. 그래서 곳곳마다 수없는 반란들이 일어났고 또 수많은 사람들이 정치범으로 십자가형을 받았다. 바로 이런 제국 속으로 예수님께서 오셔서, 제국의 꿈과는 전혀 다른 꿈을 제자들에게 심어 주신 것이다. 그것은 바로 하나님 나라의 꿈이었다. 제국이 아닌 하나님 나라의 꿈이었다.

두 가지 가치

손봉호 교수는 우리가 세상에서 추구하는 가치에는 두 종류가 있다고 했다. 그 가운데 하나는 공유 불가능한 배타적 가치이고, 다른 하나는 공유가 가능한 이타적 가치이다. 공유 불가능한 배타적 가치란 땅과 돈으로 대표되는데, 곧 그 가치의 양이 제한되어 있는 것이다. 따라서 한 사람이 많이 가지면 그만큼 다른 사람이 적게 가지게 된다. 이런 가치는 그것을 가진 사람의 존재 자체를 고상하게 하지는 못한다. 그런데도 사람들은 이런 공유 불가능한 배타적 가치를 최대한 많이 가지는 것을 꿈과 전망으로 삼고, 이것을 성취하는 것을 성공이라고 부른다. 바로 이것이 제국이 가졌던 전망이다. 그리고 이 전망은 언제나 전쟁을 일으켰다.

반대로 공유 가능한 이타적 가치가 있는데, 지식과 지혜와 기술 같은 것이 대표적인 것이다. 이런 것은 그 양이 제한되어 있지 않고 무궁무진하다. 내가 많이 가진다고 해서 다른 사람이 적게 가지는 것이 아니다. 그리고 이런 가치는 많이 가질수록 그 사람의 이타성이 고양된다. 예를 들어 지식은 내가 많이 가진다고 남에게 손해가 되지 않는다. 오히려 내가 더 많이 가질수록 남에게 더 도움을 준다. 의사의 기술도 마찬가지다. 그가 좋은 수술 실력이 있다고 해서 남에게 손해가 되는 것이 아니라, 오히려 환자에게 더 많은 이익을 준다. 음악 연주 실력도 내가 많이 가질수록 남에게 더 큰 즐거움을 준다.

이처럼 공유 가능한 이타적 가치를 많이 추구하게 되면, 우리는 다른 사람의 땅의 경계를 침범하지 않고 자기의 가나안 땅에 젖과 꿀이 흐르게 하는 것이다. 그렇게 그 젖과 꿀을 다른 사람의 땅으로 흘러가게 할 수 있다. 비록 다른 사람의 땅을 정복하지는 않았지만, 다른 사람의 땅에 영향을 미치고 그 땅을 변화시킬 수 있는 것이다. 바른 가치와 사상으로 다른 사람의 땅에서 젖과 꿀이 흐르게 하는 것이다. 이것이 하나님께서 영토 확장의 꿈 대신 주신 젖과 꿀이 흐르는 땅의 전망이다.

하나님께서 아브라함에게 "너는 가서 복이 되어라"라고 말씀하셨을 때도 이와 마찬가지였다. 땅을 무한히 확장하고 넓혀서 복을 축적하는 자가 되라는 것이 아니었다. 비록 하나님께서 주신 땅이 넓지 않아도, 그 땅에서 젖과 꿀이 흘러나와 다른 나라로 흘러들게 하는 복의 근원이 되라는 것이었다. 공유 가능한 더 높은 가치를 무한대로 생산해 냄으로써, 주위 나라의 땅을 차지하지 않고서도 자기도 복되고 남도 복된 나라가 되게 하라는 것이었다.

그러나 안타깝게도 우리가 사는 현실은 공유 불가능한 가치를 더 많이 차지하기 위한 전쟁으로 가득한 곳이다. 영토를 차지하기 위한 전쟁이 있는가 하면, 경제적 이익을 차지하기 위한 전쟁이 있고, 사이버 영토에서도 기업들이 서로 정복 전쟁을 하고 있는 상황이다. 물론 현실적으로 어느 정도의 건전한 경쟁은 필요할 수 있다. 그러나 지금 우리 세상은 이런 경쟁을 통해 배타적 가치를 더 많이 차지하려는 전망보다는, 내 삶의 땅에서 이타적 가치를 더 많이 생산해 내는 전망, 그래서 자기도 좋고 남도 좋게 하는 전망이 더 필요하다.

억울한 사람이 없게 하라

하나님께서는 땅의 경계를 정하시고 그 땅을 열두 지파에게 공정하게 분배하셨다. 그리고 레위 지파들로 하여금 열두 지파의 땅에 골고루 흩어져서 살 수 있도록, 열두 지파의 땅 안에 있는 총 마흔여덟 개 성읍과 사 면의 초장을 선별하여 그들에게 주도록 하셨다.

이렇게 레위 지파를 각 지파의 땅에 흩어져 살게 하신 것은, 이스라엘 백성들의 영적 영역을 그들에게 담당시키시려는 것이었다. 레위인들은 하나님의 율법을 가르치는 이들로서, 이스라엘 백성들의 정신적인 삶을 뒷받침하여 그것으로 그들의 물질적 삶을 이끌어 가게 해야 했다. 이런 면에서 오늘날 우리도 물질적인 번영을 추구하기는 하지만, 이것이 반드시 정신적 번영과 균형을 이루어야만 함을 알 수 있다.

이렇게 레위인들을 가나안 전역에 흩어져 살게 하시면서, 하나님께서는 그들을 통해 또 한 가지 매우 중요한 것을 준비하셨다. 그것은 곧 가나안 땅의 동편과 서편에 각각 세 개씩, 총 여섯 개의 도피성을 두신 것이다 35장 11절. 도피성이란 누군가가 실수로 사람을 죽인 경우 그에 대한 복수를 피할 수 있는 장소였다. 예를 들어 나무를 베다가 자루에서 도끼가 빠져나가 곁에 있던 사람이 맞아 죽게 된 경우, 그 소식을 들은 죽은 이의 가족들이 그 상황을 충분히 살펴보지도 않고 무작정 복수를 결행할 수 있다. 이때 과실치사를 범한 사람이 도피성으로 피하면, 그는 판결이 날 때까지 법적으로 보호를 받을 수 있었다. 도피성은 이렇게 재판 절차도 없이 보복당하는 경우를 예방하여 억울한 사람이 생기지 않도록 하려는 것이었다.

언제 어디서든, 세상에서는 억울한 사람이 생기게 마련이다. 그러므로 이들이 잠시 피하여 공정한 재판을 받을 수 있게 하는 공간적, 시간적 '완충지대'를 가지는 것은 매우 중요하다. 만약 이런 곳이 없어서 결국 복수의 희생자가 되어 그 땅에 억울한 눈물이 흐르기라도 한다면, 그 땅은 '젖과 꿀이 흐르는 땅'이 아니라 '피와 눈물이 흐르는 땅'이 될 것이다. 그래서 '도피성'을 세우게 하신 것이다. 그 땅이 정말 살기 좋은 곳인가 아닌가 하는 것은 그 영토가 얼마나 넓은가, 또는 그 땅의 물질적 지수가 얼마나 높은가 하는 것으로 판정할 수 없다. 그보다는 그 땅에 젖과 꿀이 흐르는가, 또한 그 땅에 억울한 사람이 없도록 공의의 강이 흐르는가가 중요한 기준이 되는 것이다.

간혹 인터넷 뉴스의 댓글을 보다 보면 섬뜩할 정도로 감정적인 글들이 이어지는 것을 보기도 한다. 대부분이 "나는 억울하다", "분하다" 등의 내용이다. 스스로 자신이 억울하다고 느끼는 사람들이 너무 많아졌다는 것이 우리 사회의 문제이다. 그런 생각을 하는 사람이 많이 생길수록 그 땅은 젖과 꿀이 흐르는 땅이 되지 못할 것이다. 젖과 꿀이 흐르는 땅이 되기 위해서는 강자 중심의 차가운 정의보다 약자 중심의 따뜻한 공의가 이루어져야 한다. 이를 위해서 이 땅에도 도피성이 있어야 한다. 그 도피성은 다름 아니라 예수님이시다. 그리고 이 땅의 교회들이다. 세상이 사람들에게서 눈물이 흐르게 한다면, 우리는 그들의 눈물을 닦아 주는 일을 해야 한다.

신앙은 정치다

하나님께서는 이스라엘 백성이 가나안 땅에 들어갔을 때 그 땅을 어떻게 다스려야 하는지를 알려 주셨다. 곧 그 땅의 문화에 정복당하지 말고 오히려 하나님의 높은 뜻을 그 땅에 펼치라고 그들을 그곳으로 보내신 것이다.

이와 같이 신앙은 하늘의 높은 뜻을 내가 선 땅에 펼치는 것이다. 그런 점에서 신앙은 정치이다. 만약 하나님의 높은 뜻을 품어 펼치지 못한다면, 이 땅은 어렵고 힘든 사람들로 가득해질 것이다. 가나안에서 젖과 꿀이 흐르게 만들지 못할 것이다. 이런 점에서 한국교회는 한국 땅에서 하나님의 정치가 실현되도록 하기 위해서 세워진 하나님의 집이다. 그러나 지금의 현실은 우리로 하여금, 과연 교회가 그렇게 해 왔고 그렇게 하고 있는지를 반성하게 한다. 오늘날 한국교회는 하나님 나라의 가치가 아니라 도리어 제국의 세속적 가치를 선포하며, 하나님의 뜻이 아니라 인간의 뜻을 이루어 가는 도구인 것처럼 보일 때가 많다.

'콘스탄틴의 역설'이라는 것이 있다. 로마의 콘스탄틴 황제가 기독교를 공인하고 신자가 된 일은 아주 짧은 시기에 수많은 사람들을 기독교인으로 만들었다. 그뿐 아니라, 교회를 로마 제국을 접수하고 정복한 승리자로 생각하게 만들었다. 그런데 바로 그 승리 때문에 오히려 교회에 문제가 생겨났다. 곧 처음에는 교회가 세상을 복음화한 것처럼 보였지만, 사실은 급속한 세속화로 오히려 교회가 세상 속으로 침몰하고 만 것이다. 그리하여 중세의 로마 가톨릭 교회는 그 안에 있던 사람들이 속히 빠져나와야 할 타락한 바벨론이 되고 말았다.

이와 같이 우리가 하나님의 정치를 펼치지 않는다면, 비록 세상을 정복한 것처럼 보일 때라도 사실은 세상에 정복당하고 있는 것이다. '콘스탄틴의 역설'은 교회가 하나님의 높은 뜻을 잃어버렸기 때문에 발생한 것이다. 우리는 지금 하나님께서 이스라엘 백성을 가나안 땅으로 들여보내시는 장면을 보고 있다. 사실 이스라엘 백성이 그 땅을 정복한다고 해도 가나안 문화를 받아들인다면, 비록 겉으로는 정복자처럼 보일지 몰라도 안으로는 피정복자가 된 것이다. 그러면 결국 하나님의 높은 뜻을 그 땅에 펼치는 하나님의 정치를 이루지 못할 것이다.

기독교 신앙은 자기가 선 땅을 젖과 꿀이 흐르는 땅으로 만드는 신앙이다. 그래서 그 땅에서 만들어 낸 젖과 꿀이 밖으로 흘러가도록 하는 것이다. 신앙이 정치라면, 삶도 정치이다. 이는 어떤 뜻을 내 삶에서 펼치며 살아간다는 점에서 그렇다. 우리는 무슨 뜻을 펼치면서 살아야 할까? 바로 하나님의 뜻이다. 하나님의 뜻을 이 땅에서 펼치면서 사는 것이 우리 기독교인의 삶의 의미요 목적이다.

우리에게는 삶의 땅이 주어졌다. 그것이 우리에게 주어진 가나안이다. 그 땅을 젖과 꿀이 흐르는 땅으로 만드는 하나님의 뜻을 펼치면서 사는 것이 우리의 삶이다. 비록 우리가 다양한 영역에서 일하고 있을지라도, 한 명의 사회인으로서 정치와 경제의 영역은 우리 모두에게 주어진 가나안 땅이라 할 수 있다. 이제 우리는 이 땅에 젖과 꿀이 흐르게 해야 한다. 그리고 공의의 강물이 흐르는 공정한 땅이 되게 해야 한다.

그렇게 하려면 성경에 나타난 하나님의 높은 뜻을 볼 수 있어야 한다. 신앙을 개인주의적 영성으로 축소하지 말고, 사회 현실을 보는 성경의 안목을 갖도록 노력해야 한다. 그러기 위해서 지적인 고민을 반드시 해야 한다. 그럼으로써 한 사회가 나아가야 할 바람직한 방향을 제시하는 공적 전망을 하나님의 전망에서 찾을 수 있어야 한다.

이해인 씨의 「민들레 영토」라는 시가 있다. 이 시에는 다음과 같은 구절이 있다.

> 태초부터 나의 영토는

좁은 길이었다 해도
고독의 진주를 캐며
내가
꽃으로 피어나야 할 땅

우리는 한 송이 민들레로서 내 작은 땅에 뿌리를 내리고 있다. 비록 그 땅이 척박할지라도, 그 땅은 내게 주어진 땅이다. 내가 꽃으로 피어나야 할 땅이다. 내 삶이라는 바람을 불어 은혜와 감사의 꽃씨를 주위에 퍼뜨려야 할 땅이다. 우리가 선 땅은 우리가 젖과 꿀이 흐르도록 만들어야 할 땅이며, 그 젖과 꿀을 다른 사람의 영토에까지 흘려보내야 할 땅이다.